復元 白沢図

古代中国の妖怪と辟邪文化

佐々木聡
SASAKI Satoshi

白澤社

まえがき

『白沢図《はくたくず》（白澤圖）』という書物がある。いや、かつてあった、というのが正しい。

この本は、この世界における、ありとあらゆる精魅《もののけ》について記した書物であったらしい。それは遥か昔、仙人となることを目指して深山へと入る修行者が携えた奇書であった。この時代、奥深い山々は、人智のおよばぬ異界であり、神々や悪鬼、もののけが跋扈《ばっこ》する場所であった。神仙道の修行者たちは、日々遭遇するこうしたさまざまなモノたちを相手に立ち回らねばならなかったから、『白沢図』は彼らにとって必読書であった。

「白沢図」という書名は、黄帝《こうてい》という伝説の王が、中国全土を巡ったおりに出会った神獣「白沢《はくたく》（白澤）」に由来する。黄帝はこの白沢からもののけに関する膨大な知識を授かり、『白沢図』を書いたのだという。

白沢の表記については、本書では他の用語と合わせて新字体を用いたが、日本では「白澤」と旧字で書くことも多い（澤と沢は同字）。本来は、有徳の帝王のもとに現れる神獣だが、のちに漢方の神様として信仰され、江戸時代ごろから、よく絵や刷り物に描かれるようになった。有名な鳥山石燕《とりやませきえん》の白沢もその一つである（図0‐1）。

　いわゆる「妖怪」のことなら何でも知っている白沢という存在は、お化け好きの琴線に触れるものがある。その人気は現代に引き継がれており、私たちはしばしば、漫画に、アニメに、小説に、とマルチに活躍する白沢を目にする。このように、白沢はすっかり現代の妖怪カルチャーの中で、確固とした地位を築いている。

　しかし、その一方で、書物としての『白沢図』の方は、いささか影が薄いようである。そもそも、本場中国では、唐代のころから、白沢を描いた辟邪絵《へきじゃえ》（邪悪なものを退ける力を持つ絵）が流行しはじめる。もののけに詳しい白沢の絵を貼れば、その禍《わざわ》いから免れることができる、と信じられたのである。そして、これは『白沢図』を読むことと比べてもずっと手軽だったから、民間に広く浸透することとなった。元祖『白沢図』は、こうした風潮に追いやられるように、ひっそりと姿を消した。今から、およそ千年前のことと思われる。

　こうしたことから、あれほど白沢の姿がたくさん描かれた江戸時代でも、『白沢図』という書物は、半ば忘れられてしまっていた。それは今日も同様で、白沢というキャラクターは漫画や小説で知っていても、『白沢図』を知る人はあまり多くないのが実情である。

　本書では、こうした事情を踏まえ、失われた『白沢図』の原文の復元を試みる。古典の引用を好む中国では、失われた書物であっても、ほかの書物に引用されて残っていることが多く、そこから原文を復元する「輯佚《しゅういつ》の学」が発展した。本書もこの伝統的手法を踏まえ、『白沢図』を復元し、さらに

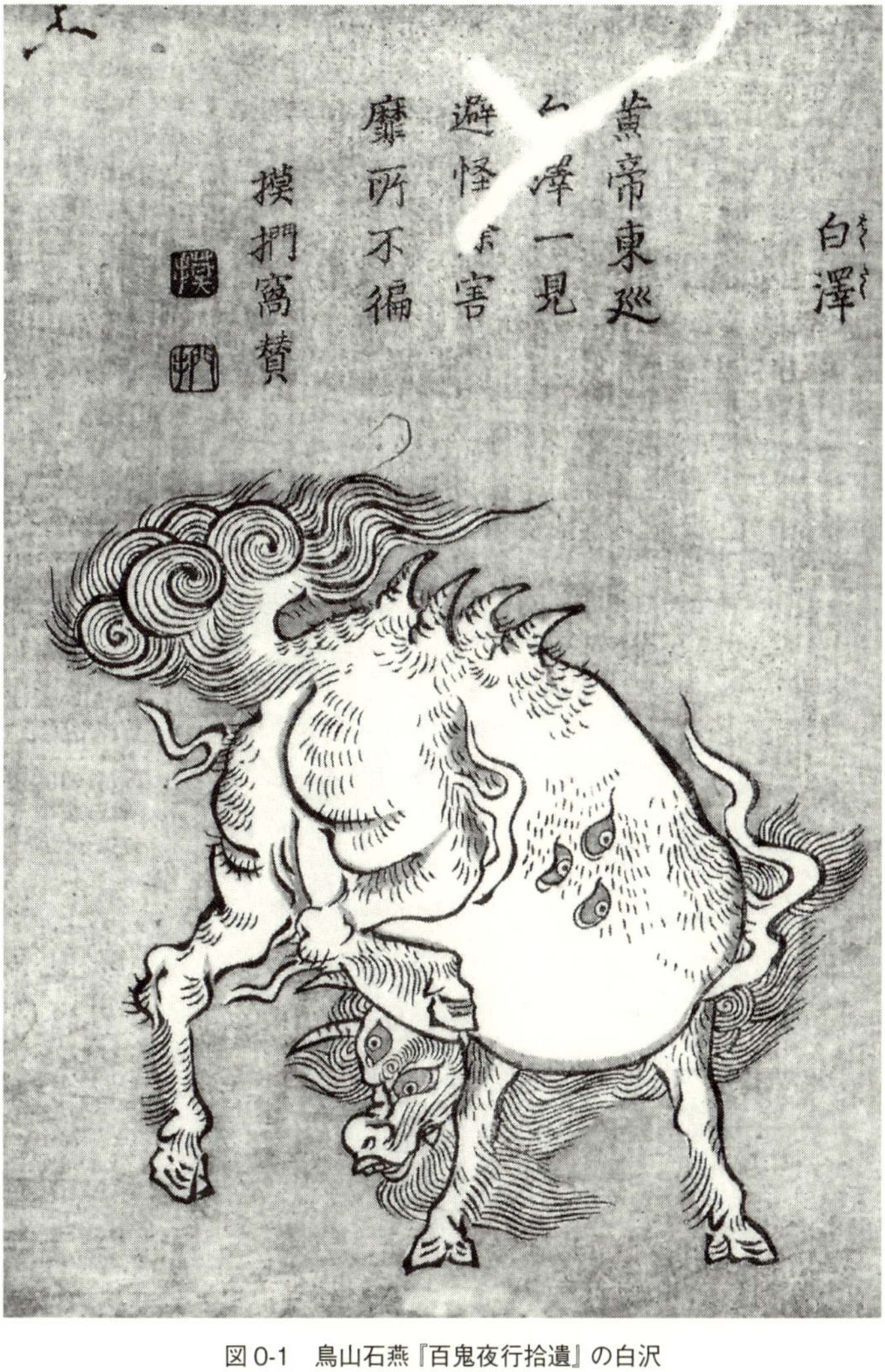

図 0-1　鳥山石燕『百鬼夜行拾遺』の白沢
〔東北大学所蔵〕

現代語や解説を加えた。また、『白沢図』から派生したさまざまな文物についても取り上げた。本書で詳しく述べるように『白沢図』から生まれた文物の多くは、徐々に人々の生活に浸透し、身近な縁起物となってゆく。根付や香炉として作られた白沢には、嗜好品としての一面もうかがえる。辟邪（禍を避け福を招くこと）が持つ社会文化的意義がそこにはよく表われているのである。

なお、『白沢図』と白沢の研究は、この十年で目まぐるしい進展があった。アジアを飛び越え、欧米の研究者まで巻き込んだ白沢研究の成果は、本書の至るところに取り入れてある。また、補章「白沢研究の軌跡」でも紹介した。

本書は、妖怪文化に興味を持つ方々をはじめ、広く中国や日本の文化に関心を持つ方々に読んで頂けたら幸いである。白沢は黄帝に天下の鬼神《きしん》（神々や鬼、もののけ）一万一千五百二十について語ったという。この数字は『易』に云う万物の数である。万物の数だけ鬼神もまた存在し、ありとあらゆる鬼神を知ることは万物の理《ことわり》を極めることにも通じる。『白沢図』の背景に広がるのは、こうした伝統的な世界観である。本書を通じて『白沢図』を学べば、世の理が垣間見えるかもしれない。

著者

復元　白沢図——古代中国の妖怪と辟邪文化

目次

復元　白沢図——古代中国の妖怪と辟邪文化◎目次

第一章　『白沢図』とはなにか——その伝説と成立

一、白沢伝説

黄帝、白沢と出会う

『白沢図』は、中国の伝説上の帝王である黄帝《こうてい》（図1 - 1）が作ったとされる書物である。その中には、世のありとあらゆる「鬼神」を撃退するための知識が書かれている、という。「鬼神」とは、神々や霊魂、もののけなどを指す言葉だが、『白沢図』の場合、特に、鬼《き》（ゆうれい）や精魅《せいみ》（もののけ）のことを指す。

中国では古来より、鬼や精魅が病気やわざわいをもたらすと考えられた。黄帝は、『黄帝内経《こうていだいけい》』などのさまざまな医学書を書いたとされる伝説の人物であり、また一方では、鬼やわざわいを払う呪術とも結びつけられた。古代社会における医術と呪術の関わりがここにうかがえる。

黄帝が『白沢図』を書いた経緯は、『瑞応図《ずいおうず》』という本に有名なエピソードが見える。

白沢　黄帝が巡狩《じゅんしゅ》のおり、東の浜にたどり着いたところ、白沢が現れた。それは人語を話すことができ、万物の精に通暁していた。（黄帝は）これによって民を戒め、時のために害を除いた。賢君が徳を明らかにすること奥深ければ、（白沢が）やって来る。

図1-1　『三才図会』人物巻1黄帝
〔上海古籍出版社影印本所収〕

図1-2　『三才図会』鳥獣巻4白沢
〔上海古籍出版社影印本所収〕

この伝説は、『宋書《そうじょ》』符瑞志《ふずいし》下にも取られており、そこでは「沢獣《たくじゅう》」と呼ばれている。この伝説によれば、白沢（図1-2）は人語を話す獣で、万物の精に通暁《つうぎょう》していた。「万物の精」とは、長い年月を経た器物や草木、動物などの精、また水辺に棲む魑《すだま》なども含まれるが、要するに精魅《もののけ》である。黄帝は白沢の膨大な知識を聞きとり、それによって民を精魅のわざわいから救ったのだった。

なお「時のために害を除いた」とは、原文は「為時除害」となっている。これには定まった読み方はないが、「時」は「民時」、つまり「農業の繁忙期」を意味するのではなかろうか。暦に従い農業を行なう民の生活のために、その時々に現れる害を除くというのが、本義であろうかと思う。

最後に、賢君の徳により、白沢が現れる、と言う。中国では、王や皇帝の徳が高く、また世が安寧であれば、天がそれを称賛して瑞祥《ずいしょう》（めでたいしるし）を下すという考えがあった。瑞祥には、いくつも種類があり、有名なものとしては、麒麟《きりん》や龍などの瑞獣、あるいは嘉禾《かか》（穂の多い穀物）や連理《れんり》（一つの幹に二つの異なる根を持つ木）などの瑞木が挙げられる。『瑞応図』はこうした瑞祥を集めた図鑑であり、白沢も瑞獣の一種として載せられている。

したがって、黄帝が白沢に遇ったのは偶然ではなく、黄帝の徳治によるものであり、それがまた民の害を除くという、徳行へと繋がってゆくわけである。

『易』の影響

この伝説は、後世の「軒轅本紀《けんえんほんぎ》」（北宋・張君房《ちょうくんぼう》『雲笈七籤《うんきゅうしちせん》』巻一〇〇引）では、さらに詳しくなる。

黄帝は、巡狩のおり、白沢なる神獣を得た。白沢は、人の言葉を話すことができ、万物の情《ありさま》に通暁していた。そこで天下の鬼神について問うた。古えより、漂う精気や遊魂がもののけとなったり、怪異を起こすことは、およそ一万一千五百二十種類ある。白沢はそれを一つ一つ述べ、黄帝は絵図を用いてこれを描かせて、天下に示した。そして黄帝は辟邪の文章を作り、これにより鬼神を呪《まじな》ったのである。

この白沢伝説を見てみると、『瑞応図』や『宋書』よりあきらかに増補されている。とくに新たに加わった個所（傍線部）に、漂う精気や遊魂（寄る辺のない霊魂）がもののけとなったり、怪異をなすことが、一万一千五百二十種類ある、と言う。この具体的な数は、いったい何を意味するのだろうか。

実は一一五二〇という数字は、占いの経典『易《えき》』に見える「万物の数」なのである。『易』の繋辞《けいじ》上伝《じょうでん》に次のように言う。

乾《けん》の策《めどぎ》は二一六、坤《こん》の策は一四四、全部で三六〇、これは期《いちねん》の日に当たる。二篇の策は一一五二〇、これは万物の数に当たる。

この箇所は『易《えき》』に出てくるさまざまな数をいろいろな事物に配当したものである。たとえば、乾《けん》の策《めどぎ》２１６とは、『易』の乾卦《けんか》が䷀であり、六つある⚊（陽爻《ようこう》）はそれぞれ３６策《ほん》の筮竹《ぜいちく》で表されるから、６×３６で２１６である。坤《こん》の策１４４とは、同じく坤卦《こんか》が䷁で、六つある⚋（陰爻《いんこう》）はそれぞれ２４策の筮竹で表されるから、６×２４で１４４となる。たとえば、この２１６と１４４を合わせた３６０は、古来より一年の日数の概数とされた。

肝心の１１５２０という数字は、また別の計算で導き出される。『易』の卦は、六つの爻《こう》それぞれに⚊か⚋が入るので、その組み合わせは全部で６４通りあり、これを六十四卦《ろくじゅうしか》という。この六十四卦で用いた⚊と⚋をそれぞれ足すと、いずれも１９２ずつある。それに先ほどの⚊数３６と⚋数２４

をそれぞれ掛けると、192×36＝6912、192×24＝4608となり、この二つの数字を足して、11520という数字が得られるのである。

『易』とは占いに他ならないが、占う中で用いる六十四卦とは、実は森羅万象すべてを陰⚊と陽⚋の二元論（二進法）で表したものである。それゆえに、賢人は『易』を通じて宇宙の全てを見通すことができる、というのが、『易』の理念的なあり方である。『易』はありのままの世界をデジタルの思考モデルの中に落とし込む、優れた自然哲学でもあった。

ただ、こうした表現は、古い時代の白沢伝説には見えない。おそらく黄帝の権威を『易』の権威によって高めようとした者たちにより、加筆されたものだろう。儒教社会において最も尊ぶべき古典を「経《けい》」と呼ぶが、『易』は、その「経」部の筆頭に置かれ、中国史を通じて最も崇敬された経典だったからである。

『瑞応図』『宋書』では「万物の精《もののけ》」とあった個所が、「軒轅本紀」では「万物の情《ありさま》」と読み替えられているのも、『易』繋辞下伝《けいじかでん》に見える、伏羲《ふっき》が八卦を作って神明《かみがみ》の徳に通じ「万物の情《ありさま》」に類《なぞら》えた、という故事を踏まえたものであろう。また「軒轅本紀」に「漂う精気や遊魂がもののけとなったり、怪異を起こす」とある表現も、もともと『瑞応図』や『宋書』にはないが、これも『易』に基づく表現である。『易』繋辞下伝《けいじかでん》には、もののけが現れたり怪異が起こったりするから鬼神の情状《ありさま》を知らねばならない、とある。

このように「軒轅本紀」には、たしかに『易』との密接な関わりがうかがえる。

後世、このような『易』による権威化が進んだ背景として、宋王朝の黄帝崇拝と当時の道教の影響が考えられる。道教もまた早くから『易』を教義の根本に取り込んでいた。

北宋の大中祥符五年（一〇一二）、時の皇帝真宗の元に神人が降臨した。神人は自らが趙氏（皇帝の姓）の始祖であり、かつて軒轅皇帝（黄帝）の名で呼ばれていたことを告げたとされる（『続資治通鑑長編』巻七九）。真宗の治世では、こうした事件が何度も起こり、彼は道教に深く傾倒してゆくこととなる。そして、この神人降臨を受け、聖祖（始祖）としての黄帝を顕彰するために書かれた『聖祖先天紀《せいそせんてんき》』の一節が「軒轅本紀」であった。同書はこの三年後の大中祥符八年に王欽若により真宗へ奉られた（『宋史』真宗本紀）。王欽若が同書を何に基づいて編纂したかは不明だが、彼も見たであろう唐・王瓘《おうかん》『広黄帝本行紀《こうこうていほんぎょうき》』には、今残っている道蔵本《どうぞうぼん》を見る限り白沢の伝説はないから、この部分はやはり『瑞応図』などに基づき王欽若らが潤色したのかもしれない。

いずれにしても、黄帝崇拝の影響を受ける形で、白沢伝説はより神秘の権威を高めてゆくこととなった。

二、『白沢図』の成立と鬼の名前を呼ぶ辟邪方法

ここまで、白沢伝説とその変遷について見てきた。『白沢図』という書物は、先に見た白沢伝説、特にその最初期の伝説を下敷きとして書かれたと考えられる。その成立時期ははっきりとしないが、

二世紀から四世紀の初めというのが通説的な見方である。
書物としての『白沢図』に言及する最も古い例は、四世紀の初めの『抱朴子《ほうぼくし》』や『捜神記《そうじんき》』である。それは遥かな昔、昇仙を目指して深山へと入る修行者が携えた奇書であったらしい。たとえば晋・葛《かっ》洪《こう》『抱朴子』登渉《とうしょう》篇に次のようなくだりがある。

ある人が「山川廟堂の百鬼を避ける方法は何か」と問うた。抱朴子（葛洪）が答えて言った。「道士は常に「天水符《てんすいふ》」と「上皇竹使符《じょうこうちくしふ》」、「老子左契《ろうしさけい》」を携帯し、さらに真一《しんいつ》を守り（瞑想の一種）、三部将軍《さんぶしょうぐん》を心に思い浮かべれば、鬼は決して人に近づかない。その次の方法は、『百鬼録《ひゃっきろく》』を論じて、天下の鬼の名字を知ることであり、『白沢図』や『九鼎記《きゅうていき》』に及んでは、多くの鬼は自ら逃げていくだろう。」と。

これは『白沢図』に言及した最も古い記録の一つである。『抱朴子』登渉篇は、著者である葛洪が、質問者に対し、神仙道の実践者が山に入る際の具体的なアドバイスを述べたものである。この時代、深山は人智の及ばぬ異界であり、神々をはじめ悪鬼や精魅、猛獣の跋扈する場所であった。したがって、神仙道の修行者たちは、日々遭遇するこうしたさまざまなモノたちを相手に立ち回らねばならなかった。
登渉篇では、鬼神を避けるための三つの方法が述べられる。一つめは「天水符」などの呪符《おふだ》を携帯する方法、二つめは瞑想により神を思念《しねん》する方法、そして、三つめは『百鬼録』『白沢図』『九鼎記』などにより、天下の鬼神の名前を知る方法である。『白沢図』は、この三番目の方法として取り上げられる。

鬼神世界の名簿

『白沢図』と並んで挙げられる二書も『白沢図』同様に現存しないが、書名からある程度、内容も想像がつく。たとえば『百鬼録』は、百鬼は「あまたの鬼神」、録は「名録《めいろく》（名簿）」をそれぞれ意味し、つまり鬼神世界の名簿と思われる。ひとくちに名簿といっても、戸籍簿もあれば、官籍簿や軍籍簿もあるが、まさに鬼神の世界には、人間界同様の戸籍があり、官吏や軍隊が存在すると考えられたわけである。

たとえば、書名こそ「百鬼録」ではないものの、こうした内容を彷彿とさせる書物が現存する道教経典の中に含まれている。それが『女青鬼律《じょせいきりつ》』である。同書は『抱朴子』とほぼ同時期の成立であるとされ、『百鬼録』とも近い観念を背景とする書物と思われる。その中に描かれているのは、まさしく鬼神世界における官僚機構と軍隊組織であり、冥界の文官・武官たちの姓名録である。

とりわけ『女青鬼律』を特徴づけるのは、鬼神の名前を呼べば、鬼神を撃退・使役できる、という考えである。たとえば、巻一に「わが秘経（『女青鬼律』）を見、鬼の姓名を知れば、みな吉。万鬼に犯されることはなくなり、千神は服従して奉行するだろう」とある。これこそが『女青鬼律』が「鬼神の姓名録」形式をとる所以《ゆえん》である。そして、同様の考え方は、『白沢図』でも基本理念に据えられている。

こうした観念は、古くは『管子《かんし》』（戦国時代に斉で書かれたとされる）の水地篇に、「蟡《き》とは一頭両身で、その姿は蛇のようで、背丈は八尺。その名前を呼べば、魚や鼈《すっぽん》を取らせることができる」などとあるが、同時期に同じような観念が書かれた資料は見当たらない。おそらく前漢ごろまでは、こうした観念は、あまり広く浸透していなかったのだろう。

しかし、時代が下り、後漢代ごろになると、さまざまな資料にこうした考え方が見えるようになる。たとえば、江蘇《こうそ》省《しょう》高郵《こうゆう》邵《しょう》家《け》溝《こう》漢墓《かんぼ》出土の呪符木簡《じゅふもっかん》（図1-3）には、次のようにある。

乙巳《いっし》の日、死者の鬼は天光《てんこう》という名である。天帝神師《てんていしんし》は、すでに汝《なんじ》（天光）の名を知っておいでだ。急いで三千里の彼方に去れ。即座に去らなければ、南山の給口令が来て、汝を喰ってしまうぞ。

この呪符木簡の文言は、いまだ呪術として洗練されていない印象も受けるが、かえってそのために、鬼の名前を呼ぶことの原義が濃厚に窺える。たとえば、フレイザーの『金枝篇』には、名前を知られることで呪術を掛けられることを恐れる多くの民族の慣習事例が見える（永橋卓介訳、第二十二章）。こうした考えが広く知られているため、鬼神の名前を呼ぶことも、何らかの禁忌や呪術信仰を思わせるが、右の呪符木簡では、むしろ名前を呼ぶ行為は、直接的な脅し文句としての意味合いが強い。

冒頭の「乙巳《いっし》の日」とは、甲子《かっし》から始まる干支《えと》（十干十二支）の組み合わせで四十二番目の日である。いまでもそうだが、中国を初めとする漢字文化圏の暦では、伝統的に年月日に干支を割り振る。それは古代社会でも同じであった。そして、特に古代の人々の生活では、その一日一日ごとに、日替わりで禍いや祟《たた》りをもたらす鬼がいると考えられた。

右の呪符木簡では、日付から禍いをもたらす鬼を断定している。その上で、鬼に向かって、天光よ、このたびの祟禍《すいか》がお前の仕業だということは、すでに露見して天の神々の知るところだ！　もうすぐ天帝神師が部下を使わして、お前を処刑しに来るから、命が惜しければ、疾《と》く去《さ》れ、と脅すわけである。現代の犯罪でも、誰の犯行か判明していない段階では、警察もなかなか犯人を追い詰められないが、犯人を特定できれば、すぐさま逮捕や指名手配に踏み切れる。犯人の立場からしても、自分の犯行だと露見すれば、もはや逃走するよりほかない。古代の鬼神世界（に対するイメージ）でも、これと同じ論理が働いたのであろう。

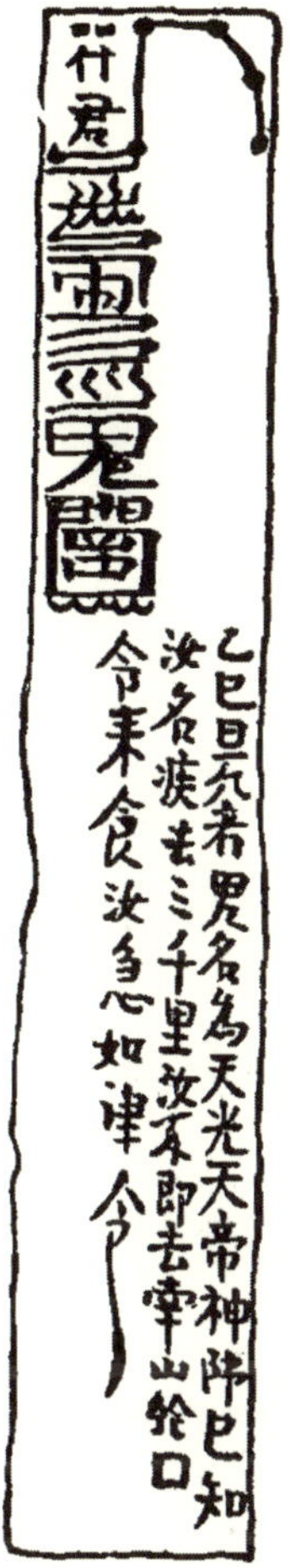

図 1-3　後漢の呪符木簡
〔朱江「江蘇高郵邵家溝漢代遺址的清理」所収〕

鬼神の名前を呼ぶ呪言

ところで、先の『女青鬼律』や『抱朴子』には、鬼神の名前を知れば、鬼神はひれ伏し、逃げていくと言う。必ずしもその名を口に出して呼んでいるわけではない。しかし知るだけでは、相手にそのことが伝わらない。それを相手に伝える確実な方法が声に出して呼ぶことである。つまり、鬼神の名前を知ることと呼ぶことは、この点で同義と言えるのである。そして声に出すことで、やがてそれは呪《まじな》いの言葉へと昇華してゆくこととなったのだろう。

密教の真言や陀羅尼神呪《だらにしんじゅ》は、たとえば「阿毘羅吽欠《あびらうんけん》 蘇婆訶《そわか》」などといった、容易に意味がわからないサンスクリット由来の呪言だが、初期道教の呪言では、かえって直接的な意味を持つものが少なくない。鬼の名前を呼ぶ呪言にも、こうしたルーツを想定すると理解しやすいだろう。

なお後世では、人に疫病をもたらす鬼を描くことで、その禍害を免れられるという観念が出てくるが、これも冥界の指名手配書のようなものと捉えるとわかりやすいだろう。悪鬼の名を口に出す代わりに、お尋ね鬼《モノ》の絵を貼るわけである。

たとえば、図1-4のS六二一六（Stein. 6216）は時代がくだった唐末ごろの「占病書（発病書）」の一部だが、ここに「（子の）日に病気になれば、その鬼の名は天賊《てんぞく》という名である。四頭一足で行く……」とあり、呪符と共にその異様な姿が描かれる。そして、「病気になった者はこの呪符を作って飲ませる。また門戸の上に（描いて貼れば）、鬼は姿と名前を見ると、即座に千里のかなたに逃げ去る。」（一部欠文はP二八五六と校合して補う）とある。これなどは自分の指名手配書に気づいて逃げ出す犯人を彷彿とさせる。

このような観念を背景として、鬼神の名前を呼ぶ辟邪方法が成立してくると思われる。そして、それは白沢伝説に基づいて作られた『白沢図』にも採用されることとなった。『白沢図』の現存する佚文の七六条の内、辟邪方法（捕獲・使役を含む）に言及するものは五一条あるが、その内四三条が名前を呼ぶ方法に言及している。つまり、『白沢図』の成立には、この名前を呼ぶ辟邪方法が密接に関わっているのである。

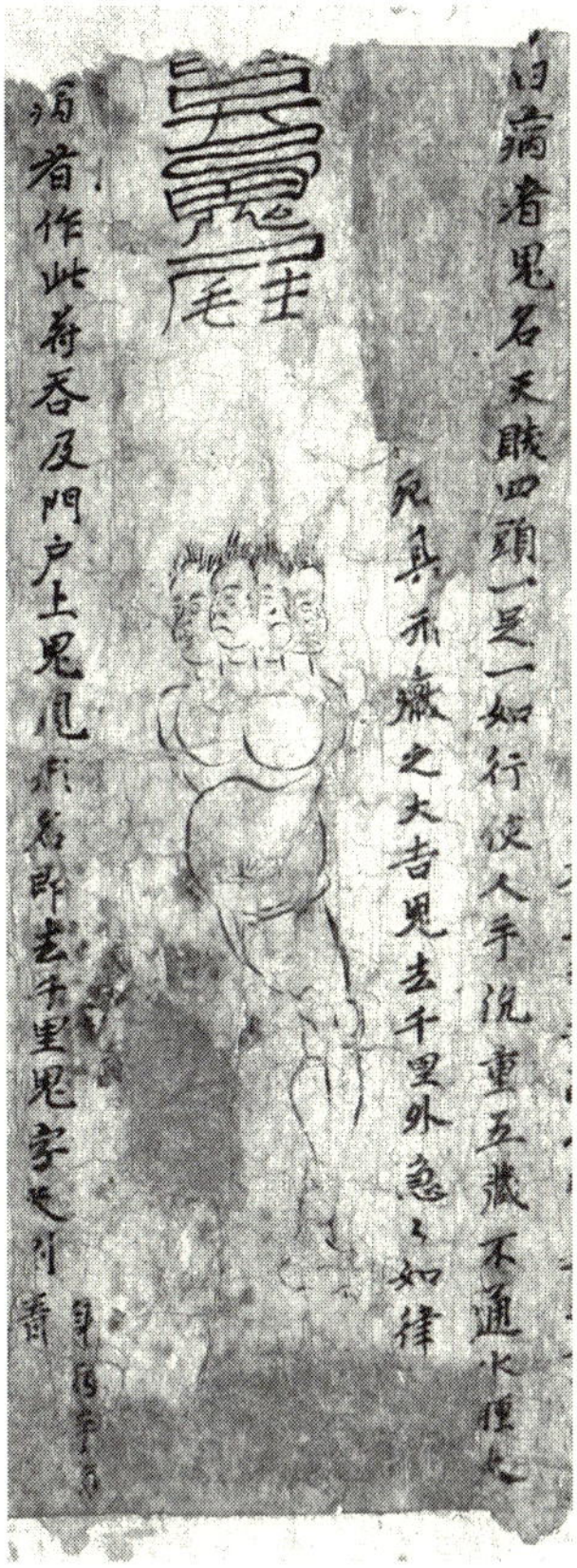

図 1-4　天賊
〔大英図書館所蔵、Stein. 6216〕

三、『白沢図』と『山海経』

妖怪ファンの間でよく知られる『山海経《せんがいきょう》』という書物がある。『山海経』も妖怪図鑑のような本で、中国内外の各地に棲む怪物や異物を多く載録した本である。そのため、以前から『白沢図』と並んで紹介されることが多い。

しかし、『山海経』と『白沢図』の関係となるとあまり知られていないようである。先に『白沢図』の起源となった白沢伝説を紹介したが、実は、この伝説自体が、『山海経』の起源譚とされる、禹鼎《うてい》伝説を下敷きにした可能性があるのである。

禹鼎伝説との類似

禹鼎伝説とは、伝説の王である禹《う》（図1‐5）が、九つの鼎《かなえ》を鋳造した伝説である。禹は中国最古の王朝である「夏」を建国したとされる伝説上の人物であり、また中華文明の祖ともされる。そして、禹の鼎は「鼎の軽重《けいちょう》を問う」の故事で知られるように、王権の象徴として受け継がれてゆくこととなる。それでは、禹の鋳造した鼎とはどんなものだったのだろうか。

むかし夏（王朝）に徳が備わっていたとき、遠方の国々ではさまざまな物（各地の山川に棲む奇異なモノ）の姿を描いて献上し、また九州（中国各地）の長官にそれぞれ金属を貢献させた。そこで（禹は）鼎を鋳《い》て、各地のさまざまな奇物を鼎に象った。これにより百物（さまざまなもののけの姿）が備わり、人々に神姦《しんかん》（悪神やもののけ）のことを知らしめることとなった。こうして人々は川や沢、山林に入っても悪しきものや魑魅罔両《ちみもうりょう》に遭うことがなくなり、上下に調和して、天の休《さいわい》を受けることとなった。

これは『春秋左伝』宣公三年（前六〇五年）の伝に見える記事で、まさに楚の荘王が周の王子満《まん》（後の穆王《ぼくおう》）に「鼎の軽重を問う」（王位を禅譲《ぜんじょう》することの要求を意味する）という暴挙に出た際に、荘王に対する満の返答の中で語られた伝説である。この中で、禹は悪神やもののけを含む百物を鼎に鋳込んだ、とある。鼎は最も重要な国事である祭祀の場で用いられた（図1‐6）。当然、それは祭祀の場で諸侯に誇示される。そこから、諸侯から臣下へ、臣下から民へと語られてゆく知識・情報の広がりが、理念的には想定されたと思われる。

図 1-5　会稽山大禹陵の禹像
〔著者撮影、2010 年〕

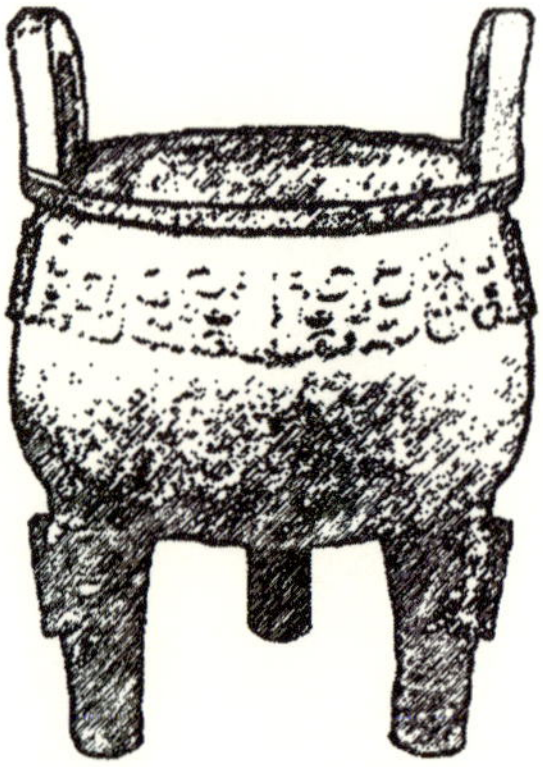

図1-6　三足の鼎（イメージ）

そして、こうした禹鼎伝説の特徴は、黄帝と白沢の伝説と類似する点が多い。話の筋や細部は異なるものの、少なくとも、伝説の王が、その徳治により得ることとなった神姦の知識を民にも広め、民の災禍を除くこととなった——という物語の骨組みは共通するのである。

後世、元の許有壬《きょゆうじん》が書いた「白沢図賛」（白沢の絵に付した画讃）に、「禹の鼎は姦（神姦）を象《かたど》る」とあるのは、こうした禹鼎と白沢それぞれの伝説を通底するものと見なしたことの表れであろう。『白沢図』とよく似た『山海経』のルーツも、こうした禹鼎伝説の周辺に求められる。たとえば、明の楊慎《ようしん》は「山海経序」において、禹の九鼎の図が継承されて『山海経』（山海図・経）となったことを述べる。もちろんこれはあくまで理念的な捉え方である。

一方、後漢の王充は「禹と益《えき》（伯益）は共に洪水を治めた。禹は治水を主《つかさど》り、益は異物を記すことを主った。四海の外から山々の頂《いただき》まで遠く至らざるところは無かった。そこで見聞した内容により、『山海経』を作った」（『論衡』別通篇）と言う。ここでは『山海経』のルーツは、おなじ禹の伝説だが、禹鼎伝説というより、禹（と伯益）の事績そのものとむすび付けられている。初期の『山海経』起源譚としては、こちらの方が一般的なようである。

『夏鼎志』の怪異観

一方で、実は禹鼎伝説からは、別の書物が生まれていた。それが『夏鼎志《かていし》』もしくは『九鼎記』と呼ばれる書物である。この本は、実はすでに見た『抱朴子』登渉篇の記事の中に見えていた。すなわち『白沢図』『百鬼録』と並んで取り上げられる『九鼎記』がそれである。この「夏鼎」と「九鼎」はいずれも夏の禹が作った九つの鼎を指し、「記」と「志」はどちらも「しるす」の意味である。したがって『夏鼎志』と『九鼎記』は実質同じ書名と言える。禹鼎が『山海経』の起源譚と見なされたのは、あるいは、この『夏鼎志』『九鼎記』と『山海経』が混同されたことによるのかもしれない。『夏鼎志』も早くに散佚して伝わらないが、かろうじて数条の佚文が伝わる。たとえば、『捜神記』巻十二には、佚文二条が引かれる。

①『夏鼎志』に言う、「罔象《もうしょう》は三歳の子供のようで、赤い目で色黒、大きな耳で長い腕、赤い爪を持っている。ロープで縛れば捕まえて食べることができる。」と。

②『夏鼎志』に言う、「地面を掘って犬を得れば、その名は「賈《か》」である。地面を掘って豚を得れば、その名は「邪」である。地面を掘って人を得れば、その名は「聚」である。聚は（人を）傷つけることはない（「無傷」という名である、とする解釈もある）。これらの物《もののけ》は自然とこのようなこと（地面から異物として出現する怪異）を起こすのであって、これらが鬼神だと言って怪しんではいけ

ない。」と。

①の「罔象」は、『白沢図』の佚文（本書第二章11条）にも見えているが、二つの佚文はかなりよく似ており、『夏鼎志』と『白沢図』の関係性があらためてうかがえる。②は地面から異物が出現する怪異だが、出現するモノには、それぞれ「賈」「邪」「聚」の名がついている。これは敦煌写本にもよく似た内容を持つ残巻本（欠損があったり、一部のみが残った抄本）がある（図1-7）。この残巻本S六二六一（Stein. 6261）は後述する『白沢精怪図』の一部とされるが、この箇所について言えば『夏鼎志』を引いた可能性が高い。

特に、②で興味深いのは、これらの怪異や精魅が自然と現れるものと考える点である。この箇所の原文は「此物之自然」となっており、「此れ物の自《おのずか》ら然《しか》るなり」と訓読できる。これはつまり、この怪異が鬼神の仕業ではないこと、あるいは、精魅そのものが鬼神なのではないことを述べている。S六二六一にも同様に「鬼神と言ってはならない」「鬼神と言って、これを怪しんではならない」などとある。このような考え方は、また『捜神記』巻十二に次の説話が見える。

諸葛恪《しょかつかく》が丹陽の太守だったとき、二つの山の間で狩を行なった。すると、子どものようなモノが現れ、手を伸ばして人を引こうとした。恪は手を伸ばしてモノがもといた場所から引き離させた。そうしたところ、そのモノは死んでしまった。暫くして、恪の部下はその理由を問うた。（このモノが）神明だと思ったからである。恪が答えて言うには、「このモノのことは、『白沢図』にあって、『二つの山の間にいる精魅は、子どもの姿をしている。人を見ると、手を伸ばして引こうとする。名は傒囊《けいのう》と言う。引っぱって、もといた場所から離せば、死んでしまう。神明だと言って、これを異なことと思ってはならない』、とある。諸君はたまたまそれを知らなかっただけだよ」と。

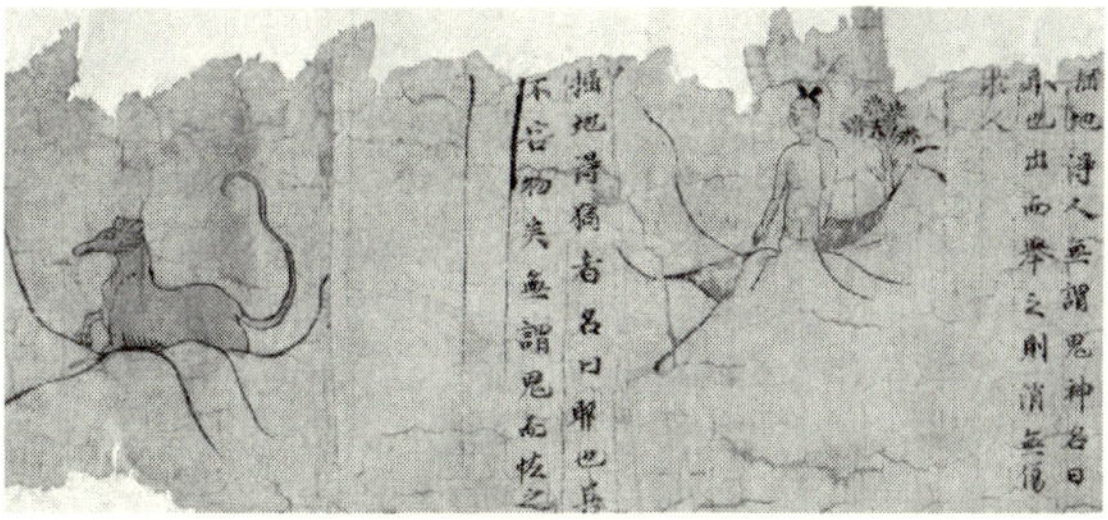

図1-7　地面から現れる人と犬
〔大英図書館所蔵、Stein.6261〕

これは『白沢図』を読んだ諸葛恪が実際に精魅に遭遇し、対処した説話である。精魅を見た恪の部下は、これを神明（善神）だと思ったようだが、精魅《もののけ》であった。「神明だと言って、これを異なことと思ってはならない」とは、諸葛恪自身の言葉かもしれないが、あえて『白沢図』の言葉として訳した。これとそっくりな表現が先の『夏鼎志』の佚文②やS六二六一にあるのはすでに見た通りである。『夏鼎志』には、「これらが鬼神だと言って怪しんではいけない（無謂鬼神而怪之）」、『白沢図』には「神明だと言って、これを異なことと思ってはならない（毋謂神明而異之）」とある。つまり、ほぼ同文である。

もう少し補足すれば、「これを怪しむ（怪之）」と「これを異とする（異之）」とは同じ意味である。「これらが鬼神（神明）だと言って怪しんで（異として）はいけない」とは、目の前で起こった不思議な現象を「鬼神の起こす怪異だ！」と思い込み畏《おそ》れてはならない、という意味であり、「怪しむ」というのは、現代語のニュアンスの「いぶかしんだり、胡散くさく思う」という意味ではない。

自然に起る現象としての怪異

つまるところ、『夏鼎志』も『白沢図』も、不思議なことではあるが、これらは決して鬼神や神明の仕業ではない。これらは自然に起こる現象であり、精魅もまた自然に生じてきたモノなのである——と主張しているのだろう。

そもそも鬼神とは、広義では精魅を含むが、狭義には神々と死者（とその霊魂）を指す言葉である。正式な祭祀の対象であり、聡明なる神（神の明かなるもの）を意味する「神明《しんめい》」と近いニュアンスもある。「神明」の対義語が「神姦」（神の姦《よこし》まなるもの）である。神姦が精魅《もののけ》と同じ意味で用いられるのは、すでに見た通りである。

右の文脈では、いずれのモノも、精魅であって、鬼神や神明ではないという。これはたとえば、『史記』巻五十五の末に太史公（司馬遷）の言として「学者には、鬼神などいないと言う者が多いが、（彼らでさえ）物《もののけ》（物精・精魅）はいる、と言う」と述べていることを踏まえると理解しやすいかもしれない。

鬼神や神明の存在を否定するにせよ、肯定するにせよ、これらは物精や精魅とは一線を画す存在だったわけである。中国では、古来より長い間、気を受けたモノは精《もののけ》となると考えられた。「物」や「精」、「老物精」、「精怪」、「精魅」などと呼ばれるものがそれである。

これらはみな、気によって生じ、「おのずからそのようになった（自《おのず》から然《しか》る）」モノである。それゆえに、ときに好き勝手に悪さもするが、鬼神や神明のように、うやまい畏《かしこ》まる必要はない。毅然として然るべき対処をすればよい、というわけである。

以上、だいぶ回り道をしたが、『白沢図』と『夏鼎志』がよく似た内容・理念を持つ書物であることを示した。『山海経』と『白沢図』を比べて考えるときも、その間にある『夏鼎志』の存在を踏まえれば、それぞれの関係をより深く理解できるだろう。『山海経』と『白沢図』の関係を理解することで、精魅の名前を呼ぶ辟邪呪術が『白沢図』にのみ見える点など、その特徴もまた見えてくるのである。

四、『白沢図』以降の白沢文物

『白沢図』は北宋時代に、散佚した可能性が高いと思われる。元の脱脱《トクト》が編纂した宋王朝の歴史書『宋史《そうし》』の芸文志《げいもんし》（国家の蔵書記録）には、『白沢図』一巻が載録されるものの、それを裏付ける別の資料はない。むしろ、北宋の中ごろ、一〇四一年に勅命により編纂された『崇文総目《すうぶんそうもく》』（当時の宮中の蔵書目録）に『白沢図』が載っていないことが注目される。『崇文総目』より約六十年前に編纂された『太平御覧《たいへいぎょらん》』には、ここにしか見ない佚文二条を含む大量の佚文が引用されているから、このころはまだ『白沢図』は現存していた可能性が高い。おそらく『太平御覧』の成立から『崇文総目』が編纂される間に、『白沢図』は宋朝の秘閣《ひかく》（蔵書庫）から姿を消し、そのまま散佚してしまった、と筆者は考えている。これ以降、おびただしい数の蔵書目録が国家や個人の手で作られることとなるが、『白沢図』の存在を裏付ける記事を見いだすことはできない。

その一方で、六朝時代から、白沢伝説と『白沢図』にちなんださまざまな作品が作られ、官民を問わず、人々の間に広く流布し、浸透していった。こうした一種のオマージュにより創出された白沢作品群を、本書では「白沢文物」と総称することとしたい。白沢文物には、文章のみならず、絵画や衣服、旗、中には、墨や枕、香炉といった小物もあった。日本で江戸時代に作られたお札や白沢根付《ねつけ》なども、白沢文物に含められる。

以下では、この白沢文物の流れについて見ていきたい。

『白沢地鏡』と地鏡経

『白沢図』の成立以降、「白沢」の名前を関する書物がいくつも書かれている。たとえば、梁代には、簡文帝が書いた『新増白沢図《しんぞうはくたくず》』五巻があったという（『南史』簡文帝本紀）。また、簡文帝の後を継いだ元帝が書いた『金楼子《きんろうし》』には、『白沢地鏡《はくたくちきょう》』という書物があったことが記されている。こうして見ると、梁の皇族の間では『白沢図』がよく読まれたのかもしれない。残念ながら、『新増白沢図』『白沢地鏡』ともに、早くに散佚してしまい、佚文さえも残っていない。ただ、『白沢地鏡』については、その内容を窺わせる記述が『金楼子』志怪篇に見えている。

地鏡経には、『師昿地鏡《しこうちきょう》』『白沢地鏡』『六甲地鏡』の三家がある。三家の経典は、ただ珍宝の光気を説くのみである。前の金楼先生は、嵩高山《すうこうざん》の道士である。名山に多く遊び、丹砂《たんしゃ》を訪ね歩いていた。あるとき、石壁に古い文章が（記して）あるのを見つけたが、それは宝物を見照する秘法であった。（そこで金楼先生は）この方法を用いて宝物を照らし、金や玉を得たのである。

ここでは、『白沢地鏡』は「地鏡経」なる一群の書物のひとつで、その内容は、金や玉などの宝物が発する光気について説くものと述べられる。珍奇な宝が光や雲気を放つことは、説話などによく見えるが、仙薬を求めて山に入る神仙家（神仙道の修行者）にとっても、それは貴重な手がかりとなった。仙薬の代表とも言える霊芝《れいし》や丹砂（硫化水銀）と並び、貴重な鉱物や玉などはいずれも仙薬となることが『抱朴子』の仙薬篇に詳しく書かれている。嵩高山の道士・金楼先生もこうした神仙道の修練の一環として、名山を巡り歩いたのであろう。

なお、『白沢地鏡』そのものではないが、同じく「地鏡」を冠した『地鏡図《ちきょうず》』という書物の佚文に、次のようなものがある。

名山に入るときには、まず先に五十日の潔斎《けっさい》を行なう。そして、白犬を引きつれ、白鶏を抱きかかえ、塩一升を携えて、入山する。そうすれば、山神は大いに喜び、これにより芝草・異薬・宝玉が出現する。また山に到る百歩手前で「林林央央」と叫ぶ。これは山王の名前であり、これを知れば百邪（あまたの邪なモノ）を退けることになる。

この文も、やはり神仙道との関わりが濃厚であり、先の『金楼子』の記述とも通じる内容である。『抱朴子』によれば、山には、山を主る神や仙人がいるとされる（登渉篇）。その一方で、山には、修行者に悪さをする精魅や猛獣が多く棲んでいるが、これらは神や仙人と必ずしも対立する存在ではなかった。『抱朴子』登渉篇に述べられるように、山神はしばしば精魅や猛獣たちをけしかけ、修行者を試す存在であった。したがって、修行者はその試練に打ち勝たねばならなかった。そして、右の『地鏡図』に見えるように、山神を喜ばせれば、羽化登仙《うかとうせん》のための仙薬を得ることができたのである。山王（山神と同義）の名を呼べば、精魅たちが逃げていくのは、これらを統括するのが山王だからである。

なお右の『地鏡図』と『白沢図』には、よく似た佚文もあり、両者は近い性質の書物だったと思われる（本書第二章7条）。書名のつながりと、内容の共通性から考えて、『白沢地鏡』も『地鏡図』に近い内容だったのだろう。これらはいずれも、辟邪思想と神仙道の関わりを示す文献である。

莫高窟から見つかった『白沢精怪図』

二十世紀の初め、シルクロードの玄関口である敦煌《とんこう》の石窟寺院「莫高窟《ばっこうくつ》」から、おびただしい数の写本が見つかった。後に敦煌学という学問体系にまで発展するこの資料群の中に、「白沢精怪図《はくたくせいかいず》」と題された残巻本P二六八二（Pelliot. Chinois. 2682）が含まれていたのである（図1‐8）。

同書は俗字を含む端正な楷書で書かれ、また精彩な十九の怪異図像を備えることから、敦煌研究では、よく知られた写本である。その書名から、近年まで『白沢図』の佚文であると見なされてきたが、美術史家の松本栄一氏のように、早くから『白沢図』とは別の書物であると考える研究者もいた。最近では、筆者や中国の游自勇氏が、それぞれの観点から、これが『白沢図』とは別のオリジナルの書物であることを論じており、徐々にこの見方が浸透しつつあるように思う。

敦煌莫高窟
〔甘粛省敦煌市、2012 年、著者撮影〕

『白沢精怪図』は内容から見れば、通俗の怪異占書というべきものである。怪異占書とは、怪異現象から、未来の吉凶を占う書物である。たとえば、よく知られる「釜

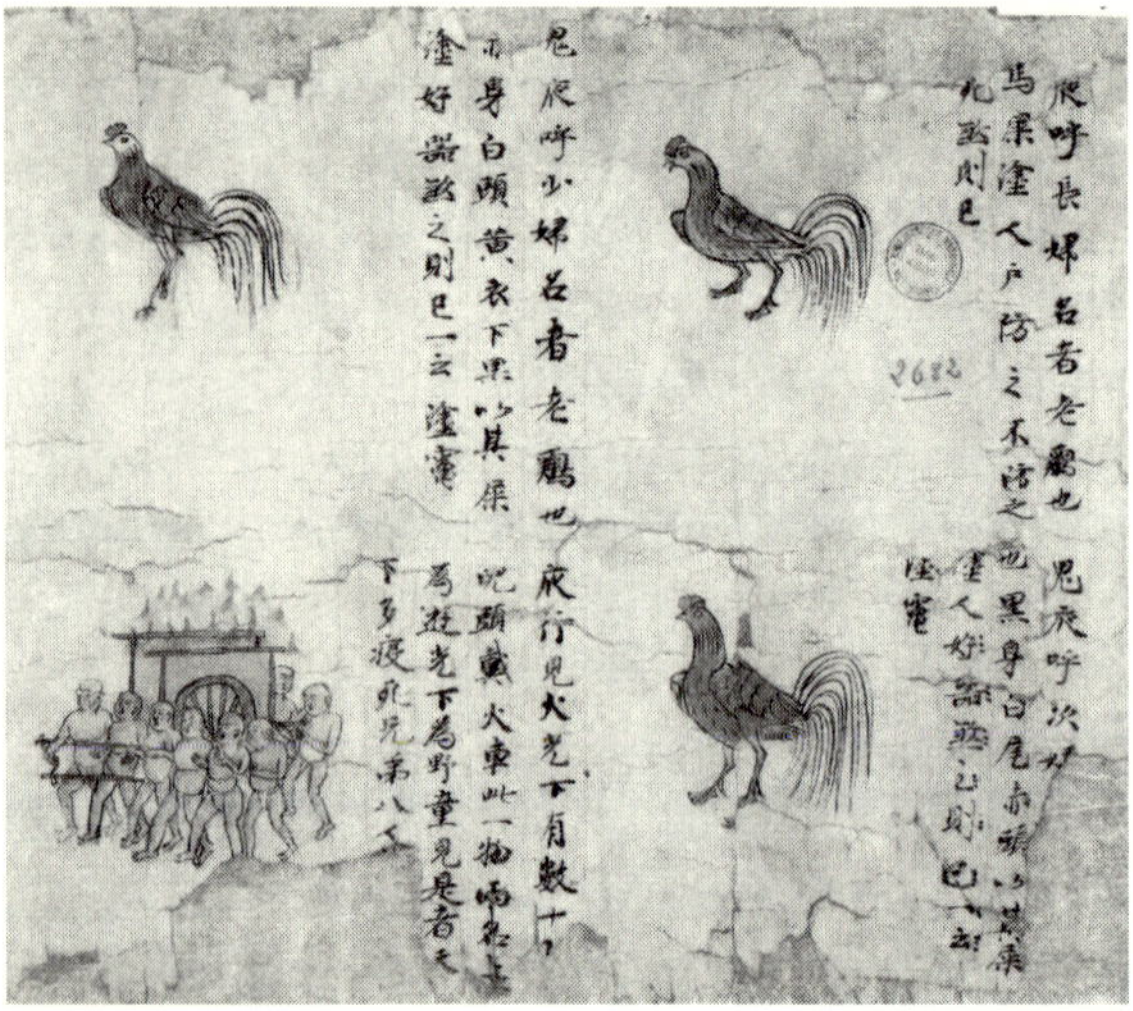

図 1-8　白沢精怪図
〔フランス国家図書館蔵 Pelliot.chinois.2682〕

鳴の怪異（釜からひとりでに音が出る怪異）」を取り上げ、次のように言う。

子日に釜が鳴れば、妻が内乱（近親者との姦通）をなす。
丑日に釜が鳴れば、上客や君子の集いがある。
寅日に釜が鳴れば、嫁入りや妻を迎えることが叶い、吉。喜びの宴を開く。
卯日に釜が鳴れば、長男が徭役に駆り出され、その地が不安におちいる。
辰日に釜が鳴れば、家に行（旅行や出行）あり。父でなければ母（が行く）。
巳日に釜が鳴れば、人が多く集まり、訴訟をおこすことを憂う。
午日に釜が鳴れば、家で奴婢のことを悩む。
未日に釜が鳴れば、家に徳が備わり、吉である。

酉《ママ》日に釜が鳴れば、祭祀のことがある。
申《ママ》日に釜が鳴れば、家に人が集まり、凶。人死にが出る。
戌日に釜が鳴れば、凶。財産を消耗することとなる。
亥日に釜が鳴れば、官禄（役人の俸禄）を食み、家は安楽で禍なく、おのおの吉。

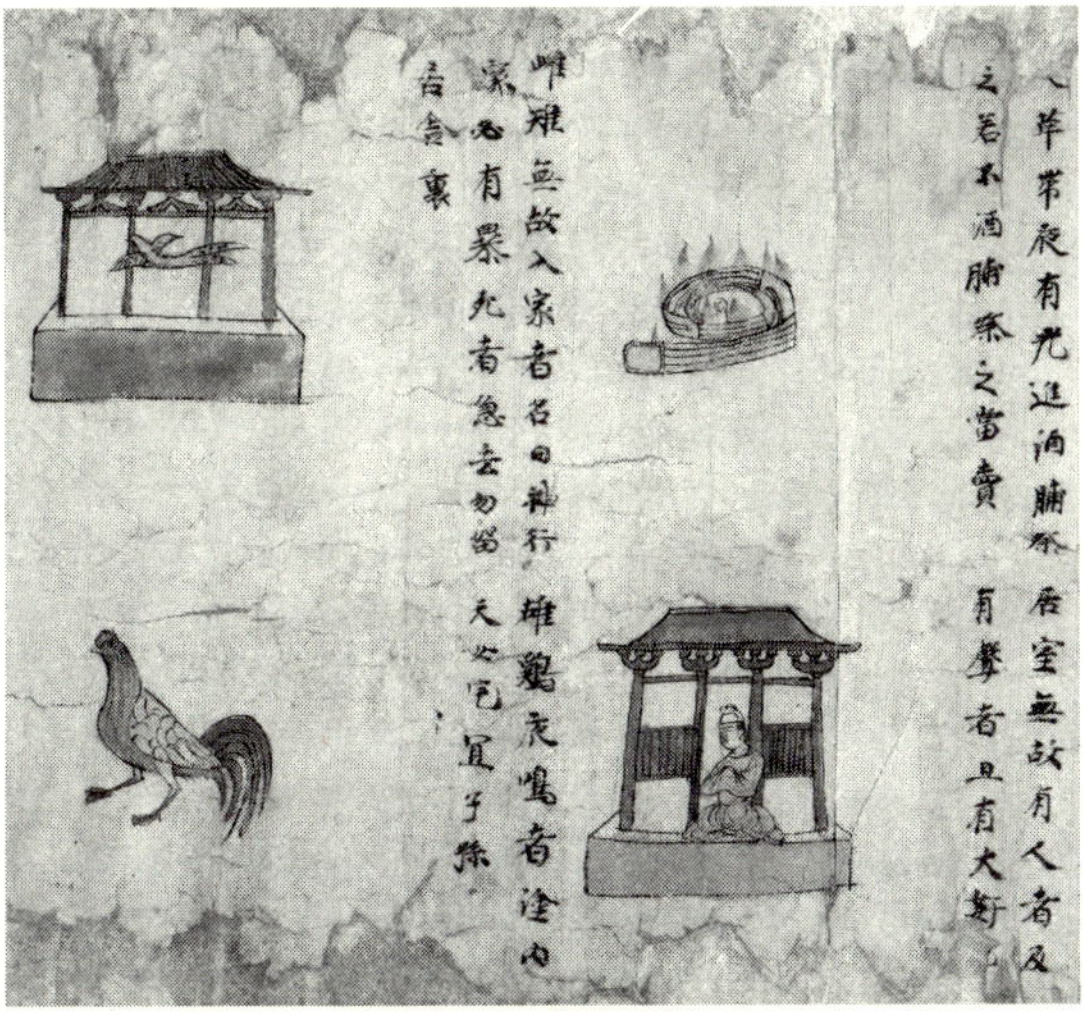

図 1-9　怪異占図
〔フランス国家図書館蔵 Pelliot.chinois.2682〕

これは釜鳴が日ごとにどんな未来を暗示するのかを述べたものである。中国では古代から、怪異現象は吉凶の予兆とされたため、このような怪異を占う書物が多く書かれた。

とりわけ『白沢精怪図』を特徴づけるのが、十九の怪異図である。たとえば、「革帯が夜に光れば、（これは不吉な予兆だから）酒と干し肉を供えて祭れ。さもなくば、売り払うべきである」（図1‐9右上）、また「鬼が夜やってきて長女の名を呼ぶことがあるが、これは老鶏（の精魅のしわざ）である。馬のくそを家の戸に塗ってこれを防げ。防がなければ、（長女は）

死ぬ。（老鶏を）殺せば、（怪異は）おさまろう」（前掲図1‐8）とある。

このように、『白沢精怪図』にはさまざまな怪異が見えており、ときに怪異を起こす鬼神や精魅にも言及する。したがって、図があることも含めて、同書が失われた『白沢図』を彷彿とさせることは確かである。

しかし、逆に元祖『白沢図』には、占いの要素が希薄なのである。そもそも『白沢図』は、精魅や鬼神そのものについて、特にその姿を中心に詳しく述べた書物と考えられる。たとえば「古い臼《うす》の精は、名を意という。姿は豚のよう。その名で呼べば、逃げ去る」（本書第二章56条）、つまり「○○の精、名は△△、その姿は□□で、名前を呼べば逃げ去る」のような形式が最も多い。中には精魅が起こす怪異現象に言及する条文もあるが、決して怪異現象が主体というわけではない。しかも『白沢図』は、怪異から未来を占う事例が、ほとんどない（単に不祥とのみ言う例は二条ある。第二章75、76条）。

怪異・妖怪研究の分野では、モノ（存在＝鬼神・精魅など）とコト（現象＝怪異）を分ける見方があるが、この見方で言えば、『白沢図』はモノを、『白沢精怪図』はコトを、それぞれ主体とする書物と言うことができよう。さらに説明を加えれば、モノはコトを起こすことがあり、またモノの出現そのものがコトとされる場合（鬼神や神獣の出現など）もあるから、モノとコトがほぼ同義となる文脈も少なくない。しかし、たとえば『白沢精怪図』では先の釜鳴の怪異に対して、「これら（釜鳴の怪異）はみな自然の感応である。これを怪しまなければ神が多くやってくる。人はそれを知らず、恐れるために病を得る。（この怪異は）鬼神の禍ではない。物には自然の怪異があるのだ」という。つまり、怪異にはモノ（鬼神）が起こす怪異のほかに、天の作用として自然に起こる怪異があった。これを「自然の感応」「自然の怪」といった。

このように元祖『白沢図』とは異なる特徴を持つ『白沢精怪図』だが、そもそもこの本は、それが書かれた段階では、別の書名であった（あるいは書名がなかった）可能性が高い。同書は巻子本《かんす》（巻物）だが、ふつうなら書名（首題）があるはずの巻頭を含む前半部分が欠落しており、書名は巻末の識語《しきご》（写本の来歴や抄写の日付、署名などの書き入れ）に「白澤精佐圖一巻卌一紙成」と書かれることによる。

しかし、早くから指摘されていたように、この識語は明らかに本文とは別の人物の筆跡である（図1-10）。筆者は二〇一〇年にこの写本をパリで実見し、詳しく分析した。その結果、この写本は一度ふたつに裂けており、その後、ふたつの断片をたまたま入手した仏僧により補修され再生されたものであり、その際に別の僧により「白澤精佐圖一巻、卌《よんじゅういち》一紙（枚）成る」と書かれたらしいことが分かった。「成る」とは「成《できあが》った」という意味だから、素直に考えれば、その書名はこの段階で付けられた可能性が高い。おそらく、もともと同書は、民間で流布した怪異占書のひとつだったのだろう。

もっとも、『白沢図』ではなかったとはいえ、『白沢精怪図』は依然として重要な白沢文物に他ならない。なぜなら、本書の存在が、『白沢図』をめぐる辟邪イメージの変遷を裏付けるからである。す

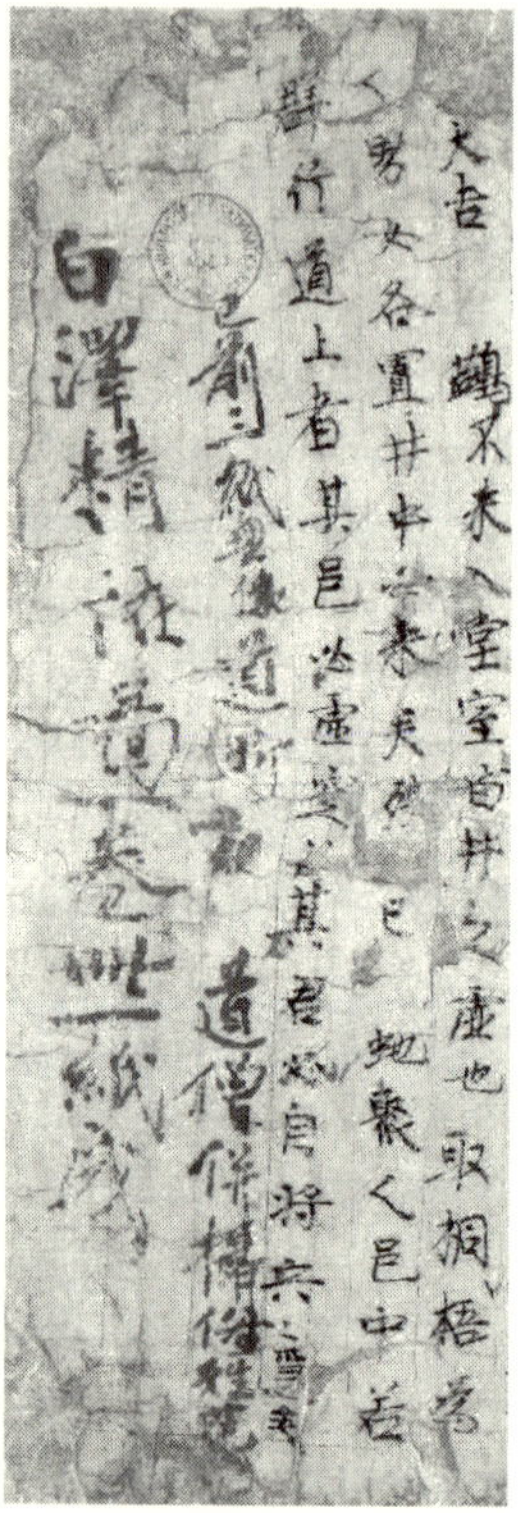

図 1-10 『白沢精怪図』巻末の識語〔フランス国家図書館蔵 Pelliot. chinois.2682〕

でに述べたように、『白沢図』は、モノ（精魅・鬼神）を辟邪の主体とする書物である。それに対して、怪異占書はコト（怪異現象）が中心であった。

こうした違いがありながら、破れたこの怪異占書を補修した仏僧たちは、これに『白沢図』をもじった「白沢精怪図」という書名を付けた。おそらくすでに唐代では、『白沢図』の内容に対する理解が、本来の「モノを対象とする」というイメージから、「コトを対象とする」というイメージへと移りかわりつつあったのだろう。だからこそ、仏僧たちは『白沢図』本来の内容とは異なる怪異占書に、『白沢図』を連想させる書名をつけたのではないだろうか。実際、後世の白沢文物では、怪異現象を辟邪対象とするものが増えてゆく。その傾向は、すでに唐代ごろから始まっていたのである。

『礼緯含文嘉』地鏡経・精魅篇

白沢文物の変遷をモノからコトへという辟邪対象の変化で捉えたとき、その過渡期にあたるのが、『礼緯含文嘉』《れいいがんぶんか》に載録された精魅篇《せいみ》である。

いささかややこしいことに、『礼緯含文嘉』とは、ふつう緯書《いしょ》（漢代ごろに書かれた経書を神秘的に解釈した書物）として知られるが、ここで取り上げるのは、後世に書かれた同じ書名を持つ占書である。同書はわずかに二部（台湾国家図書館・浙江図書館）のみが伝存する貴重な占書である。そして、同書の中篇（中巻）に『白沢図』とよく似た精魅篇という一篇がある。

詳しくは、本書の附録を参照してほしいが、要するに、本篇は『白沢図』に対するオマージュ作品として、後世に書かれたものらしい。『礼緯含文嘉』の成立はおそらく北宋の最初期、つまり概ね十世紀末から十一世紀の初めごろと見られるから、精魅篇もそのころまでの『白沢図』をめぐる辟邪イメージを反映して書かれたものと考えられる。

なお、中篇は別名「地鏡経」と名付けられるが（上篇は天鏡経、下篇は人鏡経）、先の②『白沢地鏡』や『地鏡経』『地鏡図』などとの直接的な関係はなさそうである。ただ、精魅篇の冒頭の小序には、明らかに『金楼子』志怪篇を踏まえた表現があるから、「地鏡経」という巻題にちなみ、『白沢地鏡』→『白沢図』という連想から、設けられた一篇であろう。

精魅篇には、約四十条の精魅の記事があるが、一見して、『白沢図』によく似た内容・形式――つまり「○○の精、名は△△、その姿は□□で、名前を呼べば去る。」形式――で書かれており、撰者の『白沢図』に対する理解の深さがうかがえる。

その一方で、精魅篇には、『白沢図』には本来なかったであろう、怪異現象および怪異占に言及する条文も少なからず見える。

たとえば、「31　門が自然に開閉するときは、これを壊すべきである。（そうすれば）吉である」、「26　刀剣が鞘から勝手に飛び出して肉を切ろうとする怪異は、吉である。急いでこれを捨てるべきである。もしこれを留めておけば、大凶をつかさどる」などは、『白沢図』にはなかったはずの怪異占の内容である。

そして、特に興味深いのは「25　犬が悪声を挙げて走り、自分でその尾を咬むことは、（その精魅の）名は鞞《へい》と言う。その名を呼べば、即座に止む」、「14　鶏が夜に鳴く怪異は、（その精魅の）名は少婦《しょうふ》と言う。ただその名を呼べば、大吉である」のような形式である。これらは怪異現象を先に述べたうえで、その怪異を起こす精魅の名を記したものだが、こうした形式もまた元祖『白沢図』にはなかった形式である。このように精魅篇には、白沢文物の辟邪イメージが、精魅そのものから、徐々に怪異現象へと拡大していった状況が如実に反映されていると言えるのである。そして、この形式は、より洗練されて、後世の「白沢避怪図《はくたくひかいのず》」に継承されてゆくこととなる。

以上、書物としての白沢文物について見てきた。白沢と言えば、絵画として描かれたその姿に目がいきがちであるが、『白沢図』をはじめとする書物の白沢文物には、人々がもののけをどのように考え、どうそれに立ち向かうべきか、という世界観が表れている。それを丹念に読み解くことが、歴史の舞台裏にひそむ、人とものの けをめぐる精神史を明らかにすることにも繋がろう。

次章では、散佚した『白沢図』の本文を復元し、全訳と解説を付した。また附録として新出資料である『礼緯含文嘉』精魅篇も全文を校訂し載録した。代表的な白沢文物の全貌を目の当たりにすることで、白沢の世界をより深く味わっていただけるかと思う。

第二章　『白沢図』輯校《しゅうこう》

『白沢図』の分類と配列について

本章の『白沢図』輯校《しゅうこう》は、類書をはじめとするさまざまな書物に見える『白沢図』の佚文《いつぶん》（失われた書物の文章のうち、諸書に引用され残ったもの）を集成・校訂し、注釈（校勘記《こうかんき》）・現代語訳・解説を付したものである。

本文は旧稿「『白沢図』輯校」（『東北大学中国語学文学論集』十四号、二〇〇九年）に基づくが、佚文の配列は旧稿とは異なる。旧稿では、佚文を引く書物の年代順に佚文を配列したが、本稿では、検索しやすさや解説を付す都合から、佚文を「五行（木・火・土・金・水）の性格を持つ精魅」「山谷の精魅」「場所の精魅」「建物・宅中の精魅」「器物の精魅」「動物の精魅」「気象の精魅」「その他の精魅」「龍の化身」「怪異占として引用される例」に分類して配列した。

唐・馬総《ばそう》『意林《いりん》』巻四には、『正部』（後漢・王逸『正部論』か）という書物から要点を摘録して、「山神を螭《ち》、物精を魅《み》、土精を羵羊《ふんよう》、水精を罔象《もうしょう》、木精を畢方《ひっぽう》、火精を遊光《ゆうこう》、金精を清明《せいめい》と言う。天下に道《みち》あれば、あまたの精は潜み隠れる。」と述べている。つまり天下で道（有徳者の政治）が行なわれれば、精魅はなりを潜めるが、逆に道が廃れれば、精魅が跳梁跋扈する、ということである。このように精魅の出現は王者の徳道と結びつけられるが、このとき精魅を代表するモノとして、山神・物精である魑《ち》（螭）・魅《み》とならんで五行（木・火・土・金・水）の精が挙げられる。五行の精は『白沢図』

にも見えており、その多くが他書にもよく見られる精魅である。そこで、『白沢図』の精魅たちのかおとも言える五行の精を冒頭におき、同じく精魅を代表する山精を含めた「山谷の精魅」のカテゴリを次に置いた。これらはみなよく知られた精魅であり、『白沢図』以外の諸書にも広く見える。

そのほか、佚文群全体の内容を踏まえ、それぞれの精魅の属性や性格にもとづき、「場所の精魅」「建物・宅中の精魅」「器物の精魅」「動物の精魅」「気象の精魅」「その他の精魅」、さらに「龍の化身」「怪異占として引用される例」に分類して掲載した。

また、それぞれの佚文については、類話《るいわ》や他の関連記事があるものや補足が必要なものについては、解説を付した。前半に解説が多いのは、『白沢図』以外にも多く関連記事がある精魅がここに挙がっているからである。一方で後半に掲載の精魅は、『白沢図』にのみ見えるものが多い。したがって解説こそ少ないが、『白沢図』の特色を示すモノたちと言える。

なお本書には七六条の佚文を載録したが、この中には元は一つの佚文であったが、訛伝などでいくつかに分かれたりしたもの、あるいは、他の白沢文物の佚文の可能性を持つものも含まれる。『白沢図』の条文数は、「軒轅本紀」の一一五二〇という数を挙げる研究者もいるが、これは明らかに理念上の数であり、実数ではない。やはり、唐代の『歴代名画記』に見える三二〇条が、実際の数に近いだろう。本書の輯佚文は、本来の『白沢図』にはなお及ばないものの、最も網羅的な輯本として読んでいただければ幸いである。

〔凡例〕

一、佚文それぞれに通し番号をふり、原文・出典・注釈（校勘記）・現代語訳を掲載し、必要に応じて語釈・異読・解釈上の問題点などについての説明を付した。

一、原文および注釈は可能な限り正字体を用いた。ただし一部、使用できる文字の制約から、字体を統一できなかった文字もある。また敢えて異体字のままにした箇所もある。

一、各佚文は原則として最も古い出典を底本としたが、『天地瑞祥志』など、テキストに問題の多い場合はその限りではない。

一、佚文の出典は、底本を［　］で示し、また対校に用いた資料を〈　〉で示した。なお、底本となる資料もまた佚文である場合には、例えば、［紀聞（廣記361妖怪3所引）］のように、その出典を記した。

一、一続きの佚文であっても、複数の底本を組み合わせたものもある。その場合、［　］の中に底本を複数載せ、該当箇所を注に記した。

一、佚文の出典は、略称・巻数を付した（書名の詳細および底本は次頁の出典一覧表を参照）。

一、『天地瑞祥志』巻十四物精条には、書名はないものの『白沢図』の佚文と思われる一段があり、その中に他書には見えない数条が含まれる。これら数条も『白沢図』の佚文である可能性が高いので、特に「（擬）」を付して載録する。

一、南宋以降の諸書に見える佚文は、それが唯一の引用例である場合を除き、取らなかった。この時期の佚文は先行する類書からの孫引きの可能性が高いためである。

一、各分類内での佚文の配列は、原則として出典の成立年代順とし、同一出典が続く場合は、出典内での佚文の配列順とした。ただし、同じ性格のものはなるべく並ぶように、底本とは異なる配列とした箇所もある。

一、注釈には校勘記として文字の異同を記した。その際、単純な誤字・異体字は省き、異読とみなしうるものや読解上重要なものに限り記した（例えば「以」「曰」「其」「之」「也」の有無、「則」を「即」に作る、底本にある「可」が対校資料にはない、などの異同は、煩雑を避け省いた）。

一、校勘の結果、異読がありえる箇所は、訳に《 》で異読を記した。

一、『捜神記』など、説話の中で『白沢図』が引かれる場合には、説話ごと掲載したが、諸本間の文字の異同については、原則『白沢図』の佚文のみ取り上げた（説話本文の校訂が必要な場合はその限りではない）。

一、原文を校勘により訂正した際は、次の体例を用いて改めた。

□ ＝欠字、底本が読めない字。

〔 〕＝他の佚文等から補った字句。

（ ）＝改めた字。例えばAをBに改めた場合は「A（B）」と表す。

[A] [A B] ＝衍字《えんじ》（誤って挿入された不必要な文字）と見なし、削除すべき字句。

〔出典一覧表〕＊五十音順、（　）は底本に用いたテキスト

・寰宇記　宋・樂史『太平寰宇記』（中華書局王文楚校本）
・紀聞　唐・牛肅『紀聞』（佚書。『太平廣記』所引）
・御覽　宋・李昉『太平御覽』（四部叢刊本）
・藝文　唐・歐陽詢等撰『藝文類聚』（上海古籍出版標點本）
・廣記　宋・李昉『太平廣記』（中華書局標點本）
・廣博物志　明・董斯張『廣博物志』（嶽麓書社影印明萬曆高暉堂刊本）
・江鄰幾雜志　宋・江休復『江鄰幾雜志』（佚文。『丹鉛總錄』『丹鉛摘錄』所引）
・史記索隱　唐・司馬貞『史記索隱』（廣雅叢書本）
・珠林　唐・釋道世『法苑珠林』（中華書局標點本、一部大正新脩大藏經本と対校）
・證類本草　宋・唐愼微『證類本草』（四部叢刊本『政和新脩經史證類本草』）
・初學記　唐・徐堅『初學記』（中華書局標點本）
・事類賦　宋・吳淑『事類賦』（中華書局標點本『事類賦注』）
・瑞祥志　唐・薩守愼『天地瑞祥志』（京都大學人文科學研究所所藏抄本）
・搜神記　晉・干寶『搜神記』（王紹楹校訂本）
・丹鉛總錄　明・楊愼『丹鉛總錄』（四庫全書本）
・丹鉛摘錄　明・楊愼『丹鉛摘錄』（四庫全書本）
・談薈　明・徐應秋『玉芝堂談薈』（筆記小說大觀本）
・珍珠船　明・陳繼儒『珍珠船』（寶顏堂祕笈本）

・猫䶉傳　宋・司馬光「猫䶉傳」（四部叢刊本『溫國文正公文集』所收）
・寶典　隋・杜臺卿『玉燭寶典』（前田氏尊經閣藏室町貞和抄本影印本）
・北戶錄　唐・段公路『北戶錄』（四庫全書本）
・本草綱目　明・李時珍『本草綱目』（新文豐出版公司影印本）
・本草拾遺　唐・陳藏器『本草拾遺』（佚書。『證類本草』所引の「陳藏器餘」）
・酉陽雜俎　唐・段成式『酉陽雜俎』（四部叢刊本）

『白沢図』関連年表

王朝	出来事　(　　)は年代／cは世紀
前漢	『白沢図』このころまでに成立 劉邦が皇帝に即位し漢王朝成立(前202) 劉歆が『山海経』を校訂し32篇を18篇に再編(前6)
新	
後漢	王充『論衡』完成(1c末) 献帝が曹丕に帝位を譲り後漢滅亡、魏成立(220)
三国	
晋	郭璞『山海経』を輯佚し、校注本を作る(3c末〜4c初) 葛洪が『抱朴子』を書き、白沢伝説や『白沢図』に言及(317)
南北朝	梁・沈約『宋書』符瑞志(5c末〜6c初) 梁・簡文帝『増補白沢図』(6c前半〜中葉)　簡元帝『金楼子』(6c中葉)
隋	『玉燭宝典』(6c末) 日本が遣隋使を派遣(607)
唐	『芸文類聚』(624) 『天地瑞祥志』(666)『法苑珠林』(668) 『初学記』(8c前半) P.2682(『白沢精怪図』)このころに抄写か 日本が遣唐使を廃止(894) 『白沢図』このころに宋朝の蔵書庫から散佚か
五代	
宋	『礼緯含文嘉』このころ成立か 『太平御覧』(983)『聖祖先天紀』(1015) 『崇文総目』(1041) 徐彭年『渉世録』(12c) ➡ ほどなく散佚へ 『事林広記』が流布(13c後半)
元	許有壬「白沢図賛」(14c前半〜中葉)
明	『明集礼』(1370)に「白沢旗」 永楽帝が即位(1402) 雪舟が明に渡る(1467〜1469) 日本で江戸幕府が成立(1603)
清	清が中国を統一(1644)

五行（木・火・土・金・水）の性格を持つ精魅

（1）木精

1 呉先主時、陸敬叔爲建安太守、使人伐大樟樹。下數斧、忽有血出。樹斷、有物、人面狗身、從樹中出。敬叔曰「此名彭侯」。乃烹食之、其味如狗。白澤圖曰「木之精名彭侯、狀如黑狗（1）無尾、可烹食之（2）」。

［（通）搜神記18］〈廣記415草木10木怪、珠林45審察篇43・感應縁、瑞祥志14物精、御覽886妖異2精〉

（1）瑞祥志「狗」を「㹍」に作る。
（2）御覽「可烹食之」を「可烹之食之」に作り、瑞祥志「烹而食之」に作る。
＊珠林・瑞祥志・御覽はみな白澤圖を引くのみ。

［訳］
呉国の先君の時代、陸敬叔《りくけいしゅく》は建安郡の太守であったが、そのとき人を使って立派な樟樹《くすのき》を切り倒させた。まず数回、斧を下したところで、忽然と中から血があふれてきた。木が切り倒されると、人面犬身のモノが木の中から現れた。敬叔は「こやつの名は彭侯《ほうこう》だ」と言い、そこで煮て食べると、その味は犬のようだった。『白沢図』にいう、「木の精は、名を彭侯と言う。姿は黒い犬《子牛》の

ようで尾がない。煮て食べることができる」と。

2 千載木、其中有蟲。名曰賈詘。狀如豚有兩頭。(1) 烹而食之、如狗肉味。(2)

〔珠林45同〕〈瑞祥志14同、御覧886同〉

(1) 御覧「有兩頭烹而」の五字無し。
(2) 瑞祥志「如狗肉味」を「物宍味」に作る。

［訳］
千歳の木は、その中に蟲《ちゅう》(動物全般を指す)が宿る。名は賈詘《かくつ》と言う。姿は豚のようで、頭が二つある。煮て食べると、犬肉の味がする《この物は肉の味がする》。

［解説］――食べられる樹木の精

樹木の精は、博物書や説話によく見られる代表的な精魅である。二条とも樹木の精が食べられると述べているのは何とも奇異な気がするが、『捜神記』でも捕まえた彭侯を食べたという。実は、こうした観念は『白沢図』の先輩である『山海経』にすでに多く見られ、精魅が食べられる、食べると薬効がある、と広く考えられていた。これと同じように、他の精魅にも食べられるものが少なくない。ときにかなりショッキングな姿のものまで食べてしまう。この可食性こそ中国の精魅の特徴、と言えるかもしれない。

3　故欟三年、其精名哀。形狀如人、黑頭有角、犬耳無手一足。呼名[之]、不傷人。

〔瑞祥志14同〕

［訳］

ふるい欟樹（不詳）は三年すると（そこに精が宿り）、その精は名を哀《あい》という。姿は人のようで、黒い頭に角、犬の耳で、手はなく一本足である。名を呼べば人を傷つけない。

（2）火精

4　火精爲（名）[1] 宋無忌。〔持拒大（炬火）[2]。家人無故失火者、以其名呼之、著絳緷、赤留項後。〕

［寶典2］〈藝文80、瑞祥志14同、史記索隱9〉

［訳］

火の精は、名を宋無忌《そうぶき》と言う。炬火《きょか》（ろうそくの火）を持っている。家人が原因不明の失火に見舞われたときは、この名を呼ぶとよい。（その姿は）赤い緷《こん》（束ねた羽）を着け、首の後ろに赤い瘤《こぶ》がある。

（1）瑞祥志「爲」を「名」に作り、藝文・史記索隱「曰」に作る。瑞祥志により改める。
（2）游自勇氏は「拒大」を「矩火」に改めて讀む。今、游說を案じて「炬火」に改めて讀む。
＊「持炬火」以下を引くのは瑞祥志のみ。これにより補う。

［解説］——火事と宋無忌

宋無忌は、後世、北宋の政和年間（一一一一～一一一八）に火災がたびたび起こったおりには、彼の呪符（お札）を貼って失火を防ぐことが流行したらしい（『事林広記』己集）。『天地瑞祥志』に引く『白沢図』の佚文から、その先駆けとなる信仰が早くからあったことがうかがえる。

『白沢図』に近い宋無忌の記事としては、晋・張華《ちょうか》『博物志』にも「火の怪」とあるが（巻9）、『史記』封禅書では方仙道《ほうせんどう》（神仙道の一種）の実践者、つまり神仙家として見える（唐・司馬貞の索隠は「火仙」と見なす）。このような仙人としての宋無忌は、火精としての性格も保持しつつ、六朝時代に入って道教が成立すると、たとえば『赤松子章暦《せきしょうししょうれき》』巻四・収除火殃章《しゅうじょかおうしょう》に「また請う　誅殃君《ちゅうおうくん》、……統括下にある宋無忌は、火殃《かおう》（火のわざわい）の鬼を捕えることを主《つかさ》どり、良民が居住する住宅・屋舎・倉庫を焼くことがないようにさせる。」とあるように、道教世界のヒエラルキーの中に取り込まれていったようである。

5　火之精名曰(1)必方。狀如鳥一足。以其名呼之則(2)去。

［珠林45同］〈瑞祥志14同、御覧886同〉

（1）御覧・瑞祥志「曰」字無し。以下御覧多く「曰」字を省く。以下注記せず。
（2）御覧「則」を「卽」に作る。御覧多く「則」を「卽」に作る。以下注記せず。
＊瑞祥志は前條に續けて「一曰……」として引く。

［訳］

火の精は名を必方《ひっぽう》と言う。姿は鳥のようで一本足。その名を呼べば逃げ去る。

［解説］――必方（畢方《ひっぽう》）は火精？　木精？

必方は畢方ともいう（必と畢は同音）。畢方は冒頭に挙げた『意林』では木精であった。『淮南子』氾論訓の高誘注でも、畢方は木精で、青い鳥で赤い一本の足、五穀を食べない、とされる。一方『山海経』に見える畢方（図2‐1）は、その姿は鶴のようで一本足、青地に赤い紋があり、嘴は白く、鳴き声は「ひっぽう、ひっぽう」と自らの名を呼ぶがごとくである。これが現れれば、その邑《ゆう》（むら、都城）に怪火があるという（巻2章莪之山）。『山海経』では、畢方は、『白沢図』と同様、火精と解釈されたのだろう。

図2-1　『山海経広注』経図巻4畢方
〔『歴代山海経文献集成』第5巻所収〕

（3）土精

6　土之精名曰羵羊（1）。其名呼之則去。

［瑞祥志14同］

（1）土精を「羵羊」とする例は他書に見えず。淮南子氾論訓・國語は「墳羊」もしくは「羵羊」に作る。瑞祥志の「羵羊」は「羵羊」が訛傳したものか。

［訳］

土の精は名を羵羊《せきよう》と言う。その名を呼べば逃げ去る。

［解説］——井戸から生まれた土の精

魯の季桓子《きかんし》が井戸を掘ったとき、地中から土缶が見つかった。開けてみると、羊が入っていた。さっそく季桓子は孔子に使いを送り、この怪異について問い合わせたが、その際、あえて「井戸を掘って犬を得たのだが、これはどうしたことだろうか？」と伝えさせた。これは孔子の博識を測るために、わざと羊を犬と伝えさせたのである。果たして、孔子は次のように答えた。「丘《きゅう》（孔子の諱《いみな》）が聞いたことがあるのは羊です。丘は、木石の怪は夔や魍魎、水の怪は龍や罔象、土の怪は墳羊と聞いております」（『国語』魯語）。

孔子は、みだりに怪力乱神（怪異や鬼神のこと）を話すべきでない（『論語』述而）、と説いた人物とされるが、このエピソードのように、怪異についての深い知識を語った話もいろいろと伝わっている。

（4）金（玉石を含む）精

7 玉之精、名曰委然。(1)〔其狀〕(2)如美女、衣靑衣。見之以(3)桃戈(4)刺之而呼其名則可得也。(5)夜行見女(6)〔子〕戴燭〔行者、潛從其所亡則〕(6)入石、石中有玉也。(7)

〔藝文83寶玉上・玉〕〈珠林45同、瑞祥志14同、御覽805珍寶4玉下、御覽886同〉

［訳］

玉の精は名を委然《いぜん》《岱委・柔》と言う。姿は美女のようで青い服を着ている。これを目撃したときは、桃の戈《か》（柄に対し横向きに刃の付いたほこ）《匕首《あいくち》》で刺しながら名前を呼べば、得ることができる。また夜に出歩いた際に、女性が蝋燭を携えて行くのを見たときは、ひそかに後をつけてみると、石の中に入ってゆく。その石の中に玉がある。

8 金(1)之精名曰倉𠹗。(2)狀如豚、(3)居人家。使人不宜妻。以其名呼之則去。(4)〔白鼠以昏時見於邱陵之閒。視所出入中有金。(5)〕

〔珠林45同〕〈瑞祥志14同、御覽811珍寶4金下、御覽886同、事類賦9寶貨・金〉

（1）珠林・御覽886・瑞祥志「委然」を「岱委」に作り、御覽805「柔」に作る。
（2）珠林・御覽886「其狀」の二字有り。これにより補う。
（3）瑞祥志「見之」の二字無し。
（4）珠林「戈」を「匕」に作る。
（5）瑞祥志は小字注として「又玉精白虎爲（爲白虎）」と有り。
（6）御覽805「子」及び「行者、潛從其所亡則」の八字有り。これにより補う。瑞祥志「子」及び「行」のみ有り。
（7）珠林・御覽886「夜行」以下の文無し。
＊御覽805は書名を「白玉圖」に作る。瑞祥志に書名無し。
＊＊藝文80火部・燭に地鏡圖の佚文として類似の文有り。

（1）御覽811「金」を「黃金」に作る。
（2）御覽886「倉𠹗」を「倉」に作り、御覽811「溏」に作る。
（3）瑞祥志「豚」を「彖」に作る。

[訳]

金の精は名を倉塘《そうとう》と言う。姿は豚のようで、家に居る。(この精魅は)人に妻のことで不幸をもたらす。その名で呼べば逃げ去る。白いネズミが夕暮れに丘陵の間に現れることがある。(このネズミが)出入りする場所を見かけたら、そこに金がある。

(4) 御覧811「以其~則去」の七字無し。
(5) 珠林・瑞祥志・御覧886は「白鼠」以下の文無し。御覧811「不宜妻」の句に續けて「白鼠~有金」の文有り。これにより補う。事類賦9は「白鼠」以下のみを引く。
*瑞祥志に書名無し。

9 絶水有金者、精名侯伯。状如人、長五尺、五[1]綵衣。以其名呼之則去[2]。

[珠林45同]〈御覧886同、瑞祥志14同〉

(1) 御覧「五」字無し。
(2) 瑞祥志「以其名呼之則去」を「呼則得」に作る。また、瑞祥志多く「以其名呼之」を「呼」「呼之」に作る。以下注記せず。
*瑞祥志は書名無し。

[訳]

河を渡るときに《水の絶えた川に》、金が沈んでいることがある。その精は名を侯伯《こうはく》と言う。姿は人のようで、丈は五尺、五色の衣を着ている。その名を呼べば、逃げ去る《呼べば得られる》。

[解説]——金玉の精と神仙道

五行の金には、金属のみならず、玉石も含まれる。金精や玉精は悪さをすることもあれば、ときに地中や水中にある貴金属を探す指標ともなったようである。金や玉は、もちろん古代でもお宝だったが、修行により神仙となることを目指す神仙道とも関わりが深い。例えば、羽化登仙《うかとうせん》するための具体的な方法を述べた『抱朴子』仙薬篇には、「『玉経』に金を服する者は、寿命が金のように〈長く〉なり、玉を服する者は寿命が玉のように〈長く〉なる」などとある。金・玉を服することは、長寿を得たり、昇仙を果たす方法のひとつであった。

そもそも精には「精魅」の他に「その類の最も霊妙なもの」というニュアンスがあり、例えば後漢・王充『論衡』には、道を体現しようとする者は、金玉の精や紫芝〈霊芝の一種〉の英を服食する〈精・英は共に最も優れたものの意味〉、などと言う〈道虚篇〉。すでに見たように、『白沢図』にも精魅を食べる記事は多いが、こうした仙薬の精が精魅の精と通底することを示すものであろう。

10　（擬）石精、狀駕九頭。取麥置石臼、舂三日三夜、焦則已也。［瑞祥志14同］

＊瑞祥志に書名無し。前後の文に白澤圖の佚文と符合する條多くあり。ゆえに本條も白澤圖佚文に擬定す。

［訳］

石の精は、姿は九頭（の馬）を車に繋いだようである。麦を取り石臼の中に置き、搗くこと三日三晩、（麦の粉が）焦げれば止む。

(5) 水精

11 水之精(1)名曰罔象。其狀如小兒、赤目黑色(2)、大耳長爪。以索縛之則可得。烹之吉(3)。

〔珠林45同〕〈瑞祥志14同、御覧886同〉

(1) 瑞祥志「水之精」を「銀精」に作る。
(2) 御覧「赤目黑色」を「赤色」に作る。
(3) 瑞祥志「烹之吉」の三字無し。
＊瑞祥志は書名無し。

［訳］

水の精《銀の精》は名を罔象《もうしょう》と言う。その姿は小さな子供のようで、赤い目で色黒《赤色》、大きな耳と長い爪を持つ。索《なわ》で縛れば得ることができる。煮て(食べれば)、吉あり。

［解説］——罔象とは何か？

罔象はとにかく異伝異説の多い精魅で、「水神」（『周礼』秋官司寇下・壺涿氏の鄭玄注）とも「水の怪」（『国語』魯語下）ともされる一方で、「木石の怪」（『文選』「東京賦」薛綜注）「木石の精」、「銀の精」（『瑞祥志』物精）ともされる。その姿も右のように子供の姿とすることが多いが、『国語』魯語に「龍罔象」とあることから、「龍」と同一視して「龍形にして実体無し」とも言われる（『春秋左伝』宣公三年伝の正義に引く賈逵注）。実体を持たないことは、その名の本義を「象罔《すがたな》きもの」とする大形徹氏の解釈（大形「疫鬼について」）とも通じる。『白沢図』では煮て食べられるが、逆に「人を食らう」

という説もあって（『国語』魯語下韋昭注）、子供の姿をした恐ろしいもののけである。それなのに、司馬彪が注釈をした『荘子』のテキストは、「罔象」を「無傷《むしょう》（傷つけること無し）」と書いていたらしい（『経典釈文』荘子音義・達生）。

そのほかにも、罔象は発音の近い魍魎《もうりょう》（罔両）や方良《ほうりょう》（罔両とも同一視される山沢の精魅）、さらにそれを駆逐する方相氏《ほうそう》（追儺の神）とも、そのルーツを同じくするとした山田勝美氏や小林太市郎氏らの説が早くからある（山田「魑魅罔両考」、小林『漢唐古俗と明器土偶』）。いずれも異説の多い精魅・鬼神である。

12 故水石者精名慶忌。狀如人、乘車蓋。一(1)日馳千里。以其名呼之、可使入水取魚。

［珠林45同］〈瑞祥志14同、御覧886同〉

［訳］

古い水石（水中の石）《川石》は、精の名を慶忌《けいき》と言う。姿は人のようで《身のたけ四寸、黄衣を着て》、車上の傘に乗る。一日で千里を走る。その名で呼べば、水に入って魚を取らせることができる。

（1）御覧「一」字無し。

＊瑞祥志は本條を「故川石精名慶忌。狀如人長四寸□、衣黄衣、冠黄蓋。乘小馬如疾馳。以其名呼之、可使千里一日往反」に作る。瑞祥志また「水石精、名慶忌。狀如人、乘車蓋。呼則入水取魚。」の一條有り（ただし本條は書名無し）。

［解説］――もののけになった王子

慶忌は呉の王子でありながら、これを疎んだ呉王（『史記集解』鄒陽伝に引く応劭注は闔閭《こうりょ》とする）に謀殺された悲運の勇士である（『呂氏春秋』仲冬記・忠廉）。

『管子』水地篇には、「数百年を経たふるい涸れ沢、移動しなかった谷、絶えざる川には、慶忌が生じる。慶忌はその姿は人のようで、そのたけ四寸、黄衣を着、黄冠をかぶり、黄蓋（車をおおうパラソル型の屋根）を戴き、小馬に乗り、疾走することを好む。その名を呼べば、千里以上の距離を一日にして往復することができる。これは涸れた沢の精である。」とあり、『白沢図』（特に瑞祥志の佚文）とかなり近い。

悲運の勇士がなぜ精魅になったかは不明だが、馬に乗り疾走する姿は、生前の姿を彷彿とさせる。

13　（擬）大水若折財赤生精、黄羊、狀如黄牛而逆鱗。呼名之(1)則去。

［瑞祥志14同］

（1）瑞祥志「之」を「是」の意で用いる例多く、「之即去」も「是れ則ち去る」と讀めるが、ここでは衍字とした。

＊瑞祥志に書名無し。前後の文に白澤圖の佚文と符合する條多くあり。ゆえに本條も白澤圖佚文に擬定す。

［訳］

大河が折財して赤ければ（不詳。あるいは、水の流れが旋回して、わずかに赤く染まった状態を指すか）、精を生じる。黄羊という。姿は黄牛のようで逆鱗《げきりん》がある。名を呼べば、逃げ去る。

山谷の精魅

14 呉諸葛恪爲丹陽太守、嘗出獵。兩山之間、有物如小兒、伸手欲引人。恪令伸之、乃引去故地。去故地、卽死。既而參佐問其故、以爲神明。恪曰、此事在白澤圖内、曰、兩山之間、其[1]精如小兒。見人則伸手欲引人[2]。名曰傒囊[3]。引去故地[4]則死。無謂神明而異之[5]。諸君偶未見耳。

[（通）搜神記12]〈珠林64漁獵篇・感應緣、寰宇記89江南東道1潤州・高驪山、廣記359妖怪1、御覽886同〉

（1）御覽「其」を「有」に作る。
（2）御覽「見人～引人」の八字無し。
（3）珠林・廣記「傒囊」を「傒」に作る。
（4）珠林「故地」の二字無し。
（5）御覽「引地～異之」の文無し。
＊寰宇記は節略して引く。

[訳]

呉の諸葛恪《しょかつかく》が丹陽郡の太守だったとき、二つの山の間で狩を行なった。すると、子どものようなモノが現れ、手を伸ばして人を引こうとした。恪は手を伸ばしてモノがもといた場所から引き離させた。そうしたところ、そのモノは死んでしまった。暫くして、恪の部下はその理由を問うた。（このモノが）神明だと思ったのである。恪が答えて言うには、「このモノのことは、『白沢図』にあって、『二つの山の間にいる精魅は、子どもの姿をしている。人を見ると、手を伸ばして引こうとする。名は傒囊《けいのう》《傒《し》》と言う。引っぱって、もといた場所から離せば、死んでしまう。神明だと言って、これを異なことと思ってはならない』、とある。諸君はたままそれを知らなかっただけだよ」と。

[解説]――兵士になった魑魅魍魎

右の諸葛恪の説話は第一章の解説でも引いたが、山間部に狩猟に出た恪ら一行が、手をひっぱる子供の精魅に遇う話である。恪はもののけを神と思って恐れる部下をしり目に、おもむろにそれを退治したという。

諸葛恪は諸葛瑾の子で、有名な諸葛亮(孔明)の甥にあたる。若くして才気を発揮した人物で、三十二歳のとき、険阻な丹陽の山々に散居した「山越《さんえつ》の民」を恭順させ、多くの精鋭を得たという。時の呉主・孫権はこれを称賛して「魑魅魍魎《ちみもうりょう》が変じて虎士《こし》(勇猛な兵士)となった」と言った(『三国志』呉志・諸葛恪伝)。

深山に棲み、独特の生活を営む山越の民は、平地の民から見れば、まさに魑魅魍魎のような存在であった。「傒囊(傒)」の説話もそんな山越のイメージから生じたものかもしれない。

15 上有山林、下有川泉、地理之閒生精。名曰必方。狀如鳥長尾。此陰陽變化之所生。

〔珠林45同〕〈御覽886同〉

［訳］

上に山林、下に川や泉のある地形には精が生じる。名は必方《ひっぽう》という。姿は鳥のようで尾は長い。これは陰陽の変化により生まれたものである。

16 左右有山石(1)、水生。其澗(2)水出流、千歳不絕。其精名曰喜(3)。狀如小兒黑色。以其名呼之、〔可〕(4)使取飲食。

〔珠林45同〕〈瑞祥志14同、御覽886同〉

［訳］

左右の山石から水が湧き出て、その渓流が千年途切れることが無ければ、その精の名は喜《善》という。姿は子供のようで色黒である。その名で呼べば、飲食を取らせることができる。

（1）御覽「山」字無し。
（2）瑞祥志「澗」を「閒」に作る。
（3）瑞祥志「喜」を「善」に作る。
（4）御覽「可」字有り。これにより補う。
＊瑞祥志に書名無し。

17　山之精名夔。狀如鼓一足如（而）(1)行。以其名呼之、可使取虎狼(2)豹。
〔珠林45同〕〈御覧886同〉

（1）御覧「如」を「而」に作る。これにより改める。
（2）御覧「狼」字無し。

［訳］
山の精は、名は夔《き》という。鼓《つづみ》のような姿で、一本足で歩行する。その名で呼べば虎や狼、豹を取らせることができる。

［解説］——一本足のもののけ
夔は山中の一足怪として日本でも知られるが、これまた異伝の多いもののけで『山海経』では牛の姿で一足（図2-2）、『説文解字』では龍の姿で一足とされる。またよく知られるのは『礼記』の楽記に見える、舜のときにはじめて音楽を制定した楽官であった、という伝説である。

図2-2　『山海経広注』経図巻３夔
〔『歴代山海経文献集成』第４巻所収〕

ここでも「夔は一足」と記されたが、孔子がこれを「かような才人は一人で足りる」の意味だとこじつけたことは有名である（『呂氏春秋』察伝）。『山海経』では、黄帝が夔を得て、その皮で鼓を作り、雷獣の骨で打ったところ、その音は五百里先まで鳴り響いたという。
先にも取り上げた『国語』魯語では、「龍・罔象」と並んで「夔・罔兩」とある。「夔」と「罔兩」は異なるものとも読めるが、賈逵がこれを一物と見なしたように（『春秋左伝』宣公三年伝の正義に引く賈逵注）、夔は魍魎（罔兩）とも同一視されることがあったらしい。

18 在旱故山精名揮轉。狀如鼓。呼之、取禽獸。［瑞祥志14同］

［訳］
旱魃の最中にある古い山《日照りで干からびた山》に住む精は、名を揮転《きてん》という。姿は鼓のよう。これを呼べば、禽獣を取らせる（ことができる）。

［解説］——ふるい山（故山）とは何か？
『天地瑞祥志』にのみある佚文は、しばしば字句が大きく乱れていて読めないものが多い。「在旱故山」はやや強引に訓読すれば「旱《ひでり》に在る故《ふる》き山」だが、「故山《ふるきやま》」とは普通「故郷」のことを喩えて言う表現なので、個人的な随想を述べた文脈ならともかく、客観的な知識を述べたこの文脈にはそぐわない。そのままの意味で「ふるい山」と考えても、やはり意味が通らない。むしろ「故」は同音の

「涸」の誤りで「旱涸《かんこ》」（日照りで干からびた状況）に在る山」と解釈すべきかもしれない。例えば先の「慶忌」（12条）などは「古水石の精」「古川石の精」とするが、先行する『管子』では「故涸沢」「涸沢の精」となっており、「故（古）」と「涸」が混同されて、『白沢図』に受容された可能性がうかがえる。

なお、内容を読む限りでは、夔の佚文が誤って伝わった（訛伝）可能性もある。

19

白澤圖中有山精、頭如鼓、有兩面前後倶見。

〔圓覺經大疏（下）二〕〈大方廣圓覺修多羅了義經略疏註（下）一〉

［訳］

『白沢図』中に山精（の記述）があり、頭は鼓のようで二つの顔を持ち、前後を同時に見る、という。

［解説］――禅定を修める方便としての山精

この佚文は、他の『白沢図』佚文とはやや毛色が異なり、禅宗の重要経典のひとつである『円覚《えんがく》経《きょう》』に付された唐・宗密《しゅうみつ》の注釈の中に見える。そこでは『円覚経』に説く二十五種清浄定輪（二十五種類の禅定〈瞑想〉を修める方法）の一つ「独足双頭観」を表す比喩として、『白沢図』に見える山精が引き合いに出されている。内容を見る限り、これもまた夔の佚文のヴァリエーションのひとつであろう。山精を両面で前後を同時に見るとする記事は他には見えないから、鼓に面がふたつあることに着想を得て創出されたのかもしれない。宗密以後、多く書かれる『円覚経』の解釈書には、この佚文が頻繁に引かれ、さまざまな説明が付されることになる。なお佚文には明記されていないが、「独足双頭観」を表わすことから、こちらの山精も、やはり一本足とされたようである。

場所の精魅

20 故澤之精、名曰冕⑴。其狀如蛇、一身兩頭五彩文。以其名呼〔之⑵〕、有（可⑶）使取金銀。

［珠林45同］〈瑞祥志14同〉

［訳］
ふるい沢《さわ》の精は名を冕《べん》《冤《えん》》と言う。その姿は蛇のようで、一身両頭、五色の紋様が入っている。その名を呼べば、金銀を取らせることができる。

（1）「冕」は大正藏本「寃」に作る。校注によれば「冕」の異體字。瑞祥志は「冤」に作る。
（2）瑞祥志「以其名呼」の四字を「呼之」に作る。これにより補う。
（3）瑞祥志「有」を「可」に作る。これにより改める。
＊瑞祥志は書名なし。
＊＊本條は御覽に引く「故宅之精」條に似る（本書53條）。

21 故⑴廢丘墓之精名曰無⑵。狀如老役夫。衣青衣而操⑶杵好舂。以其名呼之、使人⑷宜禾穀。

［珠林45同］〈瑞祥志14同、御覽886同〉

［訳］
ふるく荒れ果てた丘墓の精は名を無《ぶ》《元《げん》》という。姿は老いた役夫《えきふ》（労役に服する者）のよう。青い服を着て杵をとり、臼《うす》をつくことを

（1）瑞祥志「故」を「古」に作る。瑞祥志多く「故」を「古」に作る。以下注記せず。
（2）御覽・瑞祥志「無」を「元」に作る。
（3）御覽「操」字無し。
（4）御覽「使人」の二字無し。

好む。その名で呼べば、その人に穀物のことで福をもたらす。

22 故道徑之精名曰忌。狀如野人、行歌(1)。以其名呼之、使人不迷。

[珠林45同]〈瑞祥志14同、御覽886同〉

[訳]

ふるい道の精は名を忌《き》という。姿は野人のようで、歌い歩く。その名で呼べば、人を迷わなくさせる。

(1) 御覽「行歌」の二字無し。

23 在(1)道之精名曰作器(2)。狀如丈(3)夫。善眩人。以其名呼之則去。

[珠林45同]〈瑞祥志14同、御覽886同〉

[訳]

道にいる精は名を作器《さくき》《作池《さくち》》という。姿は丈夫《じょうふ》（立派な男性）《官位を持つ大夫》のよう。よく人をだます。その名で呼べば逃げ去る。

(1) 御覽・瑞祥志「在」字無し。
(2) 瑞祥志「器」を「池」に作る。
(3) 瑞祥志「丈」を「大」に作る。

24 三軍所戰(1)精名曰賓滿(2)。其狀如人頭、無身赤目(3)。見人則轉(4)。以其名呼之則去。

[珠林45同]〈瑞祥志14同、御覽886同〉

(1) 御覽「戰」を「載」に作る。
(2) 瑞祥志「滿」を「兩」に作る。
(3) 瑞祥志「無身赤目」を「赤耳」に作る。
(4) 瑞祥志「見人則轉」の四字無し。

[訳]

大軍が戦った場所の精は名を賓満《ひんまん》《賓両《ひんりょう》》という。その姿は人の頭のようで、体はなく赤い目をしている《赤い耳をしている》。人を見れば、転がる。その名で呼べば逃げ去る。

25

丘墓之精名曰狼鬼。善(1)與人鬬不休。爲桃〔弓(2)〕棘矢、羽以鵄羽、以射之。狼(3)鬼化(4)爲飄風。脱履投之、不能化也。
［珠林45同］〈瑞祥志14同、御覧886同〉

[訳]

丘墓の精は名を狼鬼《ろうき》という。よく人と不休で戦う。桃の弓といばらの矢を作り、とんびの羽をつけて射れば、狼鬼はつむじ風に変化する。靴を脱いで投げれば、変化できない。

(1) 瑞祥志「善」字無し。
(2) 瑞祥志・御覧「弓」字有り。これにより補う。
(3) 瑞祥志「狼鬼」を「鬼」に作る。
(4) 御覧「化」字無し。

26

故市之精名曰問(1)。其狀如囤(2)而無手足。以其名呼之則去。
［珠林45同］〈御覧886同〉

[訳]

ふるい市の精は名を問《もん》《門》という。その姿は小さな倉のようで、

(1) 大正藏本「問」を「門」に作り、御覧「毛門」に作る。
(2) 大正藏本・御覧「囤」を「囷」に作る。
＊本條は瑞祥志に引く「古門精」條に似る（本書46條）。

手足はない。その名で呼べば逃げ去る。

27 故牧弊池之精、名曰髠頓。狀如牛無頭。見人則逐人。以其名呼之則去。

［珠林45同］〈御覽886同〉

［訳］

ふるい牧場や壊れた池の精は名を髠頓《こんとん》という。姿は牛のようで頭がない。人を見れば追ってくる。その名で呼べば逃げ去る。

28 故池之精、名意。狀如豚(1)。以其名呼之卽去。

［御覽886同］〈瑞祥志14同〉

［訳］

ふるい池の精は、名は意《い》という。姿は豚のよう。その名で呼べば逃げ去る。

29 一足鼈池精、名髮頊。

［廣博物志50蟲魚下］

(1) 瑞祥志「豚」を「象」(豚の異體字)に作る。

* 瑞祥志は書名無し。

** 本條は珠林に引く「故臼之精」條に似る(本書56條)。

* 本條は明代の類書に引くのみ。あるいは別の白澤文物の佚文の疑いあり。

[訳]
一足のおおがめは池の精である。名を髮頊《はつぎょく》という。

30 故迋[1]（廷）之精、名跋。如大夫、靑衣大耳。呼之、使人宜君將。
[瑞祥志14同]

[訳]
ふるい役所《庭》の精は名を跋《ばつ》という。大夫のようで、青い服、大きな耳をもつ。これを呼べば、その人に主君や将軍のことで福をもたらす。

31 千歲之道生趹。狀如野女而黑色。以呼之則去。
[瑞祥志14同]

[訳]
千年の道には趹《てつ》が生じる。姿は野女のようで色黒である。これを呼べば逃げ去る。

（1）原字は「迋」（廷の異體字）に似るも、あるいは別字の疑いあり。

32 衢之精、名翹。狀如孺子。呼之則去。

〔瑞祥志14同〕

［訳］大きな道の精は名を翹《きょう》という。姿は幼児のよう。これを呼べば逃げ去る。

33 平街北里精、名剽。狀如人一尺、髮至地。呼之則去。

〔瑞祥志14同〕

［訳］平街北里（不詳）の精は名を剽《ひょう》という。姿は人のようで一尺、髪が垂れて地に着くほどである。これを呼べば逃げ去る。

34 故街精、名狄。狀如嬰兒。見人展其一足、而抱盻。呼之則去。

〔瑞祥志14同〕

［訳］ふるい街の精は名を狄《てき》という。姿は嬰児のよう。人を見れば、その片足を伸ばし、抱きあげてかけてゆく。これを呼べば逃げ去る。

35　不成澗之精、名公耳。如菟。登人屋上逢鼓、視之。見則可得。

［瑞祥志14同］

［訳］
不成澗《ふせいかん》（不詳。澗は谷川の意味。水のない枯れ谷を指したものか）の精は名を公耳《こうじ》という。ウサギのようで、屋上にのぼって鼓《つづみ》（あるいは鼓の音か）に遭えば、これを見る。現れたら捕まえることができる。

＊あるいは「山谷の精魅」に分類すべきも、屋上でこれを視るは、むしろ「場所の精」とも見なし得るため、ひとまずここに置く。

36　故軍精、名疑父。如狗長尾。呼之則去。

［瑞祥志14同］

［訳］
ふるい軍（軍は軍営の意で、古戦場でかつて軍営を置いた場所を指したものか）の精は名を疑父《ぎふ》という。犬のようで尾が長い。これを呼べば逃げ去る。

37

故道故市之所聚□精、名兢。狀如役夫。呼之則去、使不惑。

［瑞祥志14同］

［訳］

かつての道や市の集まるところの精は名を兢《きょう》という。姿は役夫（労役に従事する者）のよう。これを呼べば逃げ去り、（その人が）惑わないようにする。

38

故墉之精、名韻。狀如鼠赤。

［瑞祥志14同］

［訳］

ふるい城壁の精は名を韻《いん》という。姿は鼠のようで赤い。

39

市之精、名祛。狀如狄白耳。呼之、使人宜賈市。

［瑞祥志14同］

［訳］

市の精は名を祛《きょ》という。姿は狄（犬、あるいは異民族）のようで白い耳。これを呼べば、その人に商売のことで福をもたらす。

建物・宅中の精魅

40

厠神(1)名依(2)。衣青衣、持白杖。知其名呼之者除(3)。不知(4)其名則死。

〔寶典1・珠林45同〕〈瑞祥志14同、御覽886同〉

[訳]

厠の神《厠の精》は、名は依《い》《倚・依倚・倚底》という。青い服を着て、白い杖を持つ。その名を知りこれを呼べば、除くことができる《その名で呼べば、害はない》。その名を知らなければ《呼ばなければ》、死ぬ。

(1) 珠林・瑞祥志・御覽はみな「厠神」を「厠之精」に作る。
(2) 寶典1は「厠神名依」の四字を引くのみ。以下の文なし。珠林「名曰倚。衣青衣…」に作り、御覽「名曰依倚。青衣…」に作り、瑞祥志「名曰倚底」に作る。
(3) 瑞祥志「知其～者除」の七字を「其名呼、無害」に作る。
(4) 瑞祥志「不知其名」を「不呼」に作る。

41

故溷之精、名曰卑。狀如美女而持鏡。呼之、知愧則去(1)也。

〔珠林45同〕〈瑞祥志14同、御覽886同〉

[訳]

ふるい溷《こん》(厠、ぶたや)の精は、名は卑《ひ》という。姿は美女のようで、鏡を持っている。これを呼び、恥を知れば、逃げていく《これを呼べば、人に恥を分からせる》。

(1) 瑞祥志・御覽「知愧則去」を「使人知愧」に作る。

42　百年厠精、名旗得。狀如人。惡聞人音。故至厠而咳也。

［瑞祥志14同］

［訳］

百年の厠の精は、名は旗得《きとく》である。姿は人のよう。人の音を聞くのを嫌う。そのため、厠に行くと咳ばらいをする（ことでこれを追い払う）のである。

［解説］——厠と紫姑神

厠の神と言えば、中国では古くから紫姑神《しこしん》が信仰されてきた。この神は、もともとは、ある家の妾で、正妻の嫉妬を買い、汚い仕事ばかりやらされ、散々にこき使われて憤死（怒りの余り命尽きること）した。そこで世の人々は、その命日である正月十五日に厠や豚屋の近くで彼女の人形を立てて祭りをするようになった。紫姑神が降りてくると、さまざまなことを占うことができたという。この話は南朝宋・劉敬叔《りゅうけいしゅく》『異苑《いえん》』巻五に見える。

『白沢図』にも、厠神や厠精の記事が三例あり、特に第41条の故溷の精は、紫姑神の話を彷彿とさせる。この精魅も美女の姿をしているが、卑《ひ》（いやしい）という名から、婢（奴婢身分の女子）が連想される。おそらく厠をきれいにしておくことが家婢の仕事だったのだろう。故溷の精はこうした通念から生まれたモノと思われる。逆に紫姑神となった妾は、文字通り奴隷のようにこき使われ、厠の仕事までやらされたことが屈辱で憤死したのだろう。

なお、中国では古くから排泄物を豚に与えるため、厠と豚小屋が一緒に設けられていた。圂（ぶたや）を旁《つくり》に持つ「溷」の字が厠を表すのはそのためである。また、紫姑神を「厠や豚屋で」祭るのは、彼女が生前、厠の掃除に加えて、豚小屋の世話もさせられたからと考えられる。本来は、彼女の祟りを鎮める意味もあったのだろう。あるいは、『白沢図』に見える故溷の精のように、この神は本来、家婢の鬼（亡霊）であったのかもしれない。

43 築室三年不居、其中有満財。長二尺。見人則掩面。見之有福。

［珠林45同］

［訳］

部屋を作って三年住まなければ、その中に満財《まんざい》（精の名）が宿る。背たけは二尺で、人を見れば顔を覆う。これを見れば福がある。

44 築室三年不居、其精名忽。長七尺。見者有福。(1)

［珠林45同］〈瑞祥志14同〉

［訳］

部屋を作って三年住まなければ、その（中に宿る）精の名前は忽《こつ》と

(1) 瑞祥志また「一云小兒。長三尺而無髮。見則掩鼻。見之有福也。」の文有り。本書45條に似る。

いい、背たけは七尺。これを見れば福がある。

45 築室三年不居、其中有小児。長三尺而無髪。見人則掩鼻。見之有福。［珠林45同］〈御覧886同〉

［訳］

部屋を作って三年住まなければ、その中に小児が宿る。たけ三尺で髪は無い。人を見れば鼻を覆う。これを見れば福がある。

46 故門之精名曰野。状如侏儒。見之(1)則拜。以其名呼之、宜飲食。(2)［珠林45同］〈瑞祥志14同、御覧886同〉

［訳］

古い門の精は、名前は野《や》という。姿は侏儒《しゅじゅ》（矮人）のよう、これを見れば《精魅が人を見れば》、拝礼をする。その名でこれを呼べば、飲食によいことがある。

（1）瑞祥志・御覧「之」を「人」に作る。

（2）瑞祥志は本條に續けて「又一名屯門。狀如菌而無手足。呼則去。」の文有り、珠林・御覧に引く「故市之精」條に似る（本書26條）。「菌」は「囷」の誤りか。

47 故井故淵(1)之精名曰觀。状如美女。好吹簫。以其名呼之則去。［珠林45同］〈御覧886同〉

（1）御覧「故淵」の二字無し。

[訳]
古井戸やふるくからある淵《ふち》の精は名を観《かん》という。姿は美女のよう。簫《しょう》を吹くのを好む。その名で呼べば逃げ去る。

48 井神曰吹簫女子。 ［御覧189居處部17井］

[訳]
井戸の神は、（名を）簫《しょう》を吹く女子という。

49 （擬）井精、名必。狀如宍犬（犬宍）五斤、享而食之。 ［瑞祥志14同］

[訳]
井戸の精は、名を必《ひつ》と言う。姿は五斤の犬肉のようで、煮てこれを食べる（ことができる）。

50 故臺屋之精、名曰兩貴。狀如赤狗。以其名呼〔之〕(1)、使人目明。 ［珠林45同］〈瑞祥志14同、御覧886同〉

＊本條あるいは前條が訛傳したものか。

＊瑞祥志に書名無し。前後の文に白澤圖の佚文と符合する條多くあり。ゆえに本條も白澤圖佚文に擬定す。

（1）御覧「之」字有り。これにより補う。

[訳]
古い楼台（ものみ台）の精は、名は両貴《りょうき》という。姿は赤犬のよう。その名で呼べば、人の目を明らかにする。

51

故⑴室之精、名曰孫⑵龍。狀如小兒、長一尺四寸、衣黑衣、赤幘大冠、帶劍持戟。以其名呼之則去。

［珠林45同］〈瑞祥志14同、御覽886同〉

⑴御覽・瑞祥志「故」字無し。
⑵瑞祥志「孫」を「緩」に作り、御覽「徯」に作る。

[訳]
古い部屋の精は、名は孫龍《そんりゅう》《緩龍《かんりゅう》、徯龍《けいりゅう》》という。姿は小児のようで、たけ一尺四寸。黒い服を着て、赤い頭巾に大きな冠をかぶり、剣を帯び、戟を持っている。その名で呼べば、逃げ去る。

52

夜見堂下有〔小〕⑴兒被髮走。物（勿）⑵惡之⑶。精⑷名曰溝。以其名呼之則無咎。

［珠林45同］〈瑞祥志14同、御覽886同〉

⑴御覽・瑞祥志「小」字有り。これにより補う。
⑵大正藏「物」を「勿」に作る。これにより改める。
⑶瑞祥志「勿惡之」の三字無し。
⑷瑞祥志・御覽「精」字無し。

[訳]
夜に堂の下に子供が被髪《ひはつ》（ざんばら髪）で走ってゆくのを見ること

がある。これを憎んではいけない。精魅の名は溝《こう》という。その名で呼べば、咎《とがめ》（わざわい）はない。

53 故宅之精、名曰揮文。又曰山冕。其狀如蚍、一身兩頭、五采文。以其名呼之、可使取金銀。〈御覽886同〉

［訳］
ふるい住宅の精は、名を揮文《きぶん》と言う。また山冕《さんべん》とも言う。その姿は蛇のようで、一身両頭、五色の紋様が入っている。その名を呼べば、金銀を取らせることができる。

＊本條は珠林・瑞祥志に引く「故澤之精」條に似る（本書20條）。

54 故戸精、名其。(1) 狀如人。見人則伏。操匕呼之、取鼠。［瑞祥志14同］

［訳］
ふるい戸の精は、名は其《き》という。姿は人のよう。人を見れば腹這いになる。匕首（ナイフ）を持って名前を呼べば、ネズミを取らせることができる。

（1）あるいは「名」字の下に闕字が有ると見なし、「精名□、其狀如人。」にも讀める。

器物の精魅

55　故車之精、名曰寧野(1)。狀如轀車。見之傷人目。以其名呼之、不能傷人目。

［珠林45同］〈瑞祥志14同〉

［訳］

ふるい車の精は、名は寧野《ねいや》《曼堅《ばんけん》》という。姿は轀車《おんしゃ》（乗りながら横になれる車）のよう。これを見れば、人の目を傷つける。その名で呼べば、人の目を傷つけることはできない。

（1）瑞祥志「寧野」を「曼堅」に作る。

56　故臼之精、名曰意。狀如豚。以其名呼之則去。

［珠林45同］

［訳］

ふるい臼の精は、名を意《い》という。姿は豚のよう。その名で呼べば、逃げ去る。

＊本条は御覧に引く「故池之精」条に似る（本書28条）。

57 故竈之精名隗。狀如美女。好逃人食。呼之必有與人。〔瑞祥志14同〕

［訳］ふるい竈《かまど》の精は、名は隗《かい》という。姿は美女のよう。人の食から逃れることを好む。これを呼べば、必ず人に何か与えるものがある。

58 歐〔陽〕(1)永叔少時、見一物如虵四足有斑錦文。白澤圖云是刀之精。〔珍珠船4〕

［訳］欧陽永叔《おうようえいしゅく》が子どものころ、まだら模様のある四足の蛇のようなモノを見た。『白沢図』に「これは刀の精である」とある。

（1）格致鏡原94水族5に引く珍珠船に「陽」字有り。これにより補う。

＊本條は明代以降の類書にのみ引く。

動物の精魅

59 百歳狼化爲女人。名曰知女。狀如美女。坐道傍告丈夫曰、我無父母兄弟。若(1)丈夫取爲妻、經年(2)而食人。以其名呼之則逃走去。(3)
［珠林45同］〈御覽886同〉

［訳］
百歳の狼は女人に化ける。名は知女《ちじょ》と言い、姿は美女のよう。道端に座り、男子が来ると「わたしは父母兄弟がいないのです」と告げる。もし男子がこれを娶って妻とすれば、何年も年月を経た後に《三年後に》その人を食らう。その名で呼べば、逃走していなくなる。

(1) 御覽「若」字無し。
(2) 御覽「經年」を「三年」に作る。
(3) 御覽「逃走去」を「逃去」に作る。

60 蒼鸆、昔孔子與子夏所見。故歌之其圖九首。
［本草拾遺（證類本草19禽三品・陳藏器餘・鬼車）］〈北戸錄1孔雀媒〉

［訳］
蒼鸆《そうぐ》は、昔、孔子と子夏が見たものである。そこで、これを歌って、九首の図を描いたのである。

［解説］——血を滴らせる怪鳥

蒼鸆は、鬼車や九頭鳥などとも呼ばれる怪鳥である。九首や九頭と言うのは、もとは十頭であったものが、犬に噛み切られて九首となったためという。よく人の家屋の中に入り込んでは魂気を取るが、噛み切られた首から常に血を滴らせている。そのため、人々は家屋に血が付着しているのを見ると、凶兆とみなし恐れたらしい（『酉陽雑俎』前16鬼車、『北戸録』1）。晋・魚豢《ぎょかん》『三国典略《さんごくてんりゃく》』には、色は赤く、鴨に似ていると言う（『御覧』927所引）。

61 老鶏能呼人姓名。殺之則止。

［御覧918羽族5鶏］

*本條あるいは次條を節略したものか。

［訳］

老いた鶏は人の姓名を呼ぶことができる。これを殺せば（この怪異）は止む。

62 老鶏能呼家長、以其屎塗門、煞鶏。呼家母、以其屎塗門及竈、煞鶏。呼長子、犬屎塗門及竈則煞。呼中子、其屎塗門則煞之無咎灾也。

［瑞祥志18鶏］

［訳］

老いた鶏は、家長（の名）を呼ぶことができる。その糞を門に塗れば、この鶏を殺すことができる。母を呼ぶときは、その糞を門やかまどに塗れば、殺せる。長男を呼ぶときは、犬の糞を門やかまどに塗れば殺せる。次男を呼ぶときは、その糞を門に塗れば、殺すことができ、咎災《わざわい》はない。

［解説］——夜に名を呼ぶ老鶏精

この二条とよく似た文が、敦煌占書『白沢精怪図』にも見える。『白沢図』では、家長（父）と母、長男、次男を呼ぶ老鶏の精魅に対する辟邪方法を述べる。一方、『白沢精怪図』では、夜に長女・次女・三女を呼ぶ鬼（その正体は老鶏）に対する辟邪方法として述べる。

家畜が死者に化けて生者を呼ぶという考えは後漢・王充の『論衡』訂鬼篇に見える。『白沢図』の佚文にもおそらく本来は「三男」があったのだろう。父母・長男長女・次男次女・三男三女という八人の家族構成は、それぞれが八卦と対応するものとして、『易』の説卦伝《せっかでん》に見えるから、こうした理念に沿ったものと思われる。

気象の精魅

63 雷精、名攝提。雷則呼之、盖其意也。(1)

〔寶典11〕

〔訳〕

雷の精は名を摂提《せってい》と言う。(杜台卿)雷があれば、この名前を呼ぶのは、思うに、その意味なのだろう。

(1) 案ずるに「雷則呼之盖其意也」は杜臺卿の言か。

64 日中天地之精氣、其狀如黿赤色。差(若)(1)以酒灌之則可得。得而食之、使人神也。

〔瑞祥志14同〕

〔訳〕

日中の天地の精気は、その姿は黿のようで赤い。酒をこれに注げば、得ることができる。これを得て食べれば、人を神(のよう)にする。

(1) 游自勇氏は「差」を「若」に改めて讀む。今これに從う。

その他の精魅

65 鬼〔畏〕(1)桃湯柏葉。故以桃爲湯、栢爲符、爲酒也。〔寶典1〕

(1) 尊經閣本「畏」字無し。古逸叢書本「畏」字を補う。今これに従う。

［訳］

鬼《き》は桃湯・柏葉を畏れる。そこで桃で湯《スープ》を作り、柏（の木板）で呪符を作り、また酒も作る。

［解説］――鬼の原義とものの け

鬼《き》は日本の鬼《おに》とは異なり、広く幽鬼やもののけを指す。その原義をたどれば、「鬼」字は本来、死者の霊魂を意味した。甲骨文字にすでに「」や「」などの字形で見えているが、その字形は子孫が死者の頭蓋骨を被った姿とされ、頭蓋骨を被ることで、そこに祖先の霊が宿り、祭祀の供応を受けると考えられたとされる。大形徹氏は、こうした祭祀のあり方の由来を、魂が頭蓋骨の内側、つまり脳にあると考えられたからだと解釈する（大形『魂のありか』）。

後世、この「鬼」の字義は次第に拡大してゆき、死者の霊魂のみならず、神々や動植物、器物などの精をも指すようになる。魑魅魍魎や魃《すだま》などに鬼偏が用いられるのもそのためである。『白沢図』が対象とする鬼もこうした広義の「鬼」と言える。『白沢図』の条文では、むしろ「精」の方が頻繁に使われるが、ときおりこのように鬼字も見えており、同書が精を鬼の範疇と見なしていたことがうかがえる。

出典の『玉燭宝典《ぎょくしょくほうてん》』は隋・杜台卿《とだいきょう》の書いた類書で、十二巻に分かれている。一巻が十二か月の各月に配当され、その月に行なう諸行事とその由来などを述べる。『白沢図』は正月に、椒柏酒（ハジカミやカシワの酒）を進め、桃の湯を飲んで、鬼を払うなどの行事の由来について説明するために引かれている。

66 夜行、見火光下有數十小兒戴之。一物二名。上爲游光、下爲野僮。此二物見者、天下多疾死之民。一曰僮兄弟八人也。

［瑞祥志17光］

［訳］

夜道を行くとき、火光が現れ、その下に数十の子供がいてそれを持ち上げているのを見る。これは（火光と子どもで）一つの物《もののけ》だが、名前が二つあり、上は游光《ゆうこう》（ただよう光）、下は野僮《やどう》（僮は童《わらし》）という。この二物が現れれば、天下に病死する民が多く出る。一説に野僮は兄弟八人ともいう。

〔解説〕——**野童游光**

この野童游光は疫鬼の一種で、古くは『風俗通』に「夏至に五色（の布）を身に着ければ、武器（による被害）を免れる。そこに「游光」と題書し、厲鬼《れいき》（悪鬼）がその名を知れば、温疫（はやり病）にかからない。」とある（佚文、御覧23引）。

この条は、『白沢精怪図』にもほぼ同文があり、そこには、小児の姿をした八人の疫鬼が描かれる。興味深いのは、野童たちが火光を放つ車「游光」を引く点である。『白沢図』の佚文もこのイメージを踏まえて訳した。この火光は疫病の気をまき散らす様とも解釈できるが、その一方で、游光を率直に火精とする考えもあった（四六頁『意林』所引『正部』）。その背景には、火気と病気を同じく陽気とみなす観念（『論衡』訂鬼・言毒）があったことをうかがわせる。

図 2-3　『白沢精怪図』の野童游光
〔フランス国家図書館蔵 Pelliot.chinois.2682〕

67　右監門衛錄事參軍張翰、有親故妻、天寶初、生子。方收所生男、更有一無首孩子、在傍跳躍。攬之則不見。手去則復在左右。按白澤圖曰其名常。依圖呼至三呼、奄然已滅。

〔紀聞（廣記361妖怪3所引）〕

[訳]
右監門衛・録事参軍（いずれも官職）の張翰《ちょうかん》のこと、親戚縁者の妻が天宝（七四二～七五六）の初め、子を生んだ。生まれた男児を取りあげようとしたところ、さらに首のない子供が出てきて、傍らで飛び跳ねた。これを捕まえようとすれば、見えなくなり、手で払いのけると、また左右に現れる。『白沢図』を見てみると、この名は常《じょう》とあった。そこで名前を呼んでみると、三度呼んだところで、忽然と姿を消した。

68

徐稹(1)〔廷〕(2)評、監税盧州、河次得一小兒手無指。懼而埋之。案白澤圖所謂封。食之多力也。(3)

〔江鄰幾雜志（丹鉛摘錄6・丹鉛總錄17視肉各所引）〕

[訳]
徐稹《じょしん》廷評（廷評は官名。牢獄に関する諸事の判断や処理を行なう）が盧州で税の監察を行なったとき、河のほとりで指のない子供の手を拾ったが、恐ろしくなりこれを埋めた。思うに、『白沢図』に言うところの封《ほう》である。これを食べれば力が強くなる。

（1）談薈25地中物如小兒手條「稹」を「禎」に作り、本草綱目51下獸4封條の集解は「積」に作る。
（2）丹鉛摘錄「廷」字無し。丹鉛總錄により補う。談薈・本草綱目もまた「廷」字有り。
（3）談薈は下にまた「或曰封卽埆也。如手在地中、食之、無疾。」の一文あり。
＊江鄰幾雜志は一名嘉祐雜志、宋・江休復（字鄰幾）の撰。四庫全書に嘉祐雜志二巻有り、また筆記小說大觀に江鄰幾雜志一巻有るも、みな本條無し。

〔解説〕――地中から現れる肉

右の『白沢図』の記事は、食べると多力（強い力）を得られるという「封」についての最も古い記事である。『白沢図』の佚文は、断片的な内容だが、一方、後世の類書では、さまざまな怪異とも結びつけられた。たとえば、明・李時珍『本草綱目』巻五十一下・封条には、『西湖志』に見える土中の肉塊「太歳」や『山海経』に見える「視肉」（目玉がついた牛の肝のような肉塊で、食べてもなくならない）などを封の同類として挙げる。さらに後の清・楊慎『丹鉛総録』巻二十五・視肉条では、陶弘景『刀剣録』や『水経注』に見える伊水の「人膝」（河中に現れる人の膝のようなもののけ）も同類とする。一方、明・徐応秋の『玉芝堂談薈』には、「地中の物 小児の手の如し（地中物如小児手）」と題して、子供の手をはじめ、人体の一部が地中から見つかる怪異類型として取り上げる。

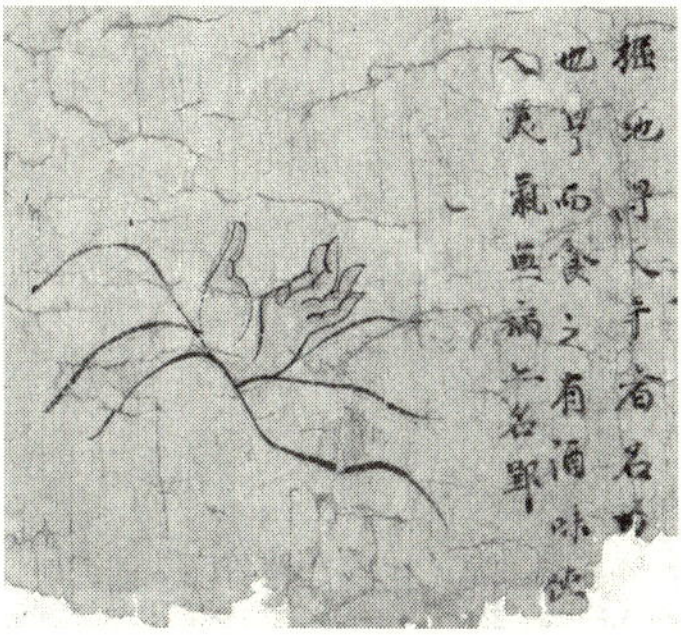

図2-4 地中から出現した手
〔大英図書館所蔵、Stein.6261〕

そもそも、人体の一部に限らず、地中から異物を得るコトは、怪異類型のひとつであり、『開元占経』にも、犬や牛、人が地中から現れる怪異が見える。また、すでに二九頁で見たように、地中から人や犬が現れる怪異は、『夏鼎志』や『白沢精怪図』の残本とされるS六二六一（Stein. 6261）にも載っている。特にS六二六一には、ほかに封とよく似た人の手が地中から見つかる怪異が載録されている。名前の部分は欠けていて判読できないものの、「地面を掘って人の手を得る。これを煮て食べれば、酒の味がして、人に気を養い病をなくさせる。」とあり、封を彷彿させる。なお末尾に「また郢とも云う」とあるが、これは『玉芝堂談薈』に見える封の別名「垹」に字形が近い（「郢」の異体字には「邽」などの例もある）。

また『礼緯含文嘉』精魅篇では、「封」は牛や羊の姿で地中から現れるという（11条）。これは先にも触れた『国語』魯語の「墳羊」などと混同されたものかもしれない。この「封」もやはり食べると、力をもたらすと考えられた。

69

（擬）〔□〕(1) 精名疾。狀如嬰兒一足。見呼、無害。

〔瑞祥志14同〕

〔訳〕

□の精（何精かは不明）の名は疾《しつ》と言う。姿は小児のようで一本足。見かけて（名を）呼べば、害はなし。

（1）「精」字の前に闕字の疑いあり、□を補う。

＊瑞祥志に書名無し。前後の文に白澤圖の佚文と符合する條多くあり。ゆえに本條も白澤圖佚文に擬定す。

龍の化身

70 羊有一角當頂上、龍也。殺之、震死。

［初學記29羊部敍事］〈御覽902獸14羊〉

［訳］

羊の角の一本が頭のてっぺんに当たっているものは、実は龍である。これを殺してしまうと、雷に打たれて死ぬこととなる。

71 黑狗白頭、耳長卷尾者、龍也。

［初學記29狗部事對］〈御覽904獸16狗上〉

［訳］

黒い犬で頭が白く、耳が長く、しっぽが巻いているものは、実は龍である。

72 鷄有四距重翼者、龍也。殺之、震死。

［初學記30鷄部敍事］〈御覽918羽族5鷄〉

[訳]
鶏の蹴爪が四つあり、翼が二重になっているものは、実は龍である。これを殺してしまうと、雷に打たれて死ぬこととなる。

73 蠋有角五采文長尾者、龍也。殺之、兵死。

[御覧950蟲豸7蠋]

*本條は出典を「白澤曰」に作る。

[訳]
蠋《いもむし》の角があり、五色の紋様があり、しっぽが長いものは、実は龍である。これを殺してしまうと、兵器に掛かって死ぬこととなる。

74 赤蛾兩頭而白翼者、龍也。殺之、兵死矣。

[御覧951蟲豸8蛾]

[訳]
赤い蛾の頭が二つあり、羽が白いものは、実は龍である。これを殺してしまうと、兵器に掛かって死ぬこととなる。

［解説］──龍の化身を殺してしまうと……

以上の五条はすべて龍が何かの禽獣や虫などに化けていること、そして、知らずにそれを殺すと、その報いとして、惨い死に方をすることを述べたものである。龍は虎と共に変化のさまが予測もつかないことを「龍化虎変」などと言い、古くからよく知られていた。後世の例では、宋代の『清異録《せいいろく》』巻上・王字鯉に「鯉魚《りぎょ》には龍が化けたものが多い。額に楷書の「王」字がある鯉魚は「王字鯉」という名で、最も神霊に通じた存在である」などとあるのが、それである。

こうした観念を代表する説話が、古くは前漢・劉向《りゅうきょう》の『説苑《ぜいえん》』に見える。その中では、白龍が魚に化して淵を泳いでいたとき、漁師の豫且《よしょ》に射られたので、怒って天帝に訴えたが、天帝は取り合わず、「人はそもそも魚を捕るものだ。いったい彼に何の罪があろうか」と叱責された、という（巻9）。ここでの天帝はずいぶん鷹揚なのに、『白沢図』では、逆に知らずに龍を殺すと、その報いとして惨い死に方をするとされたのであった。

怪異占として引かれる例

75 余家有猫曰虪。毎與衆猫食、常退處于後、俟衆猫飽盡去、然後進食之。有復還者又退避之。他猫生子多者、虪輒分置其栖與己子竝乳之。愛視踰於己子。有頑猫不知其德於己、乃食虪之子、虪亦不與校。家人以白澤圖云、畜自食其子、不祥。

［猫虪傳］

［訳］

余（司馬光）の家に虪という猫がいた。多くの猫とともに餌を食べるときは、いつも後ろに退いて、猫たちが食べ飽きていなくなると、進んで餌を食べた。またやって来る猫がいれば、また退いて（争いを）避けるのであった。ほかの猫が多くの子猫を生めば、虪は常に住処《すみか》を分けて置き、自分の子と並べて乳を与えた。その慈しむようすは自分の子以上であった。おろかな猫が、虪が自分に恵みを与えていることに気付かず、虪の子猫を食い殺してしまったが、虪もまたそれに意趣返しをしなかった。余の家族は、これを『白沢図』に拠って「家畜が自分で自分の子を食らえば、不吉である」と言ったのである。

76 屋間闘、不祥。

〔證類本草19百労〕

［訳］
（モズが）建物の間で戦えば、不吉である。

［解説］——怪異占と『白沢図』

怪異占とは、怪異から未来の吉凶を占う内容、つまり「△△という怪異が起これば、〇〇ということになる。」のような形式の占いを指して言ったものである。これらの占いは、国家の命運から、個人の吉凶まで、さまざまなレベルで行なわれた。これは怪異を占う営みが国家から個人まで浸透していたことを指す。

ただ、こうした内容は『白沢図』の佚文には、ほとんど見えず、わずかに右の二例が見えるのみである。それも具体的な吉凶ではなく、単に不祥とのみ述べるに留まる。一般的な怪異占であれば、吉凶に加えて、「君主が崩御する」とか「訴訟がおこる」といった具体的な未来が予言されるものである。かつては『白沢図』に怪異占が含まれると考えられたこともあったが、それは敦煌で見つかった怪異占書『白沢精怪図』を『白沢図』と同一視したためである。しかし、すでに本書で述べたように、『白沢精怪図』と『白沢図』は別の書物とみなすべきである。『白沢図』の佚文を概観する限り、同書は精魅＝モノに着目する傾向が濃厚であり、怪異現象＝コトに依拠する怪異占は、やや異質なものに見える。くわえて、右の佚文を引く書物はどちらも宋代のもので、この時期はちょうど『白沢図』が散佚したころと考えられるから、はたして本当に『白沢図』の中に右の二条が含まれていたかは疑問である。たとえば、『白沢図』を多く引用する『天地瑞祥志』にも、怪異占として引かれる例は全く見えない。むしろ唐宋以降の白沢文物（『白沢図』から派生した文物）に、怪異占の内容が濃厚に見えるようになるから、そちらから引かれた内容であった可能性もある。

たとえば、附録として載せた『礼緯含文嘉』精魅篇には、怪異占数条が含まれるほか、怪異現象とそれを起こす精魅という形式の記事もいくつか見える。これらはみな『白沢図』には無かったと思われる内容で、特に後者の怪異とそれを起こす精魅という形式は、さらに後世の白沢避怪図へと継承されてゆくこととなる。

第三章　神獣白沢の姿――辟邪絵としての白沢の図

一、辟邪絵としての「白沢の図」

第一章では、『白沢図』とそれから派生した白沢文物の系譜について、書物を中心にたどった。一方で、白沢文物には、もうひとつ重要な系譜がある。それが辟邪絵としての「白沢図」である。実は、唐代ころから、書物とは別に、絵画としての「白沢図」が広まってゆく。鬼神のことに通暁した白沢そのものに辟邪の力があると信じられたことから、こうしたもうひとつの「白沢図」が流行したようである。書物としての『白沢図』との混同を避けるため、本書では、これらを「白沢の図」と呼ぶこととしたい。

明代の白沢の図

「白沢の図」は、日本では江戸時代によく描かれており、今でも数多く残っているが、中国では失われてしまってほとんど残っていない。図3‐1はその内の稀有な例である。この明・搨墨本《とうぼく》「白沢の図」（搨墨は拓本による複製法）は、江戸の文人・屋代弘賢《やしろひろかた》の『白沢考』に載録されたもので、原図の所在は不明だが、当時の面目をうかがうことができる。迫力のある白沢が精魅や悪鬼を退けると考えられたのであろう。白沢の上部には、画賛が記されており、次のように言う。

昔、軒轅黄帝が東望山に登ったおり、奇獣が姿を現した。これを大庭《たいてい》（朝廷の意味だが、ここは臣下達を指す）に問うたところ、識者が上奏して「これは白沢でございます。上蒼大一《じょうそうたいいつ》の精で、星妖《せいよう》・物怪《ぶっかい》をあらかじめ見極めることができます。帝よ（白沢の）図像を描いて立てなされ。すべての名山大川《めいざんたいせん》で（白沢の図を立てて、怪異を）鎮めれば、数多の悪しきものは消滅し、民が害を被ることはなくなりましょう」と言った。……

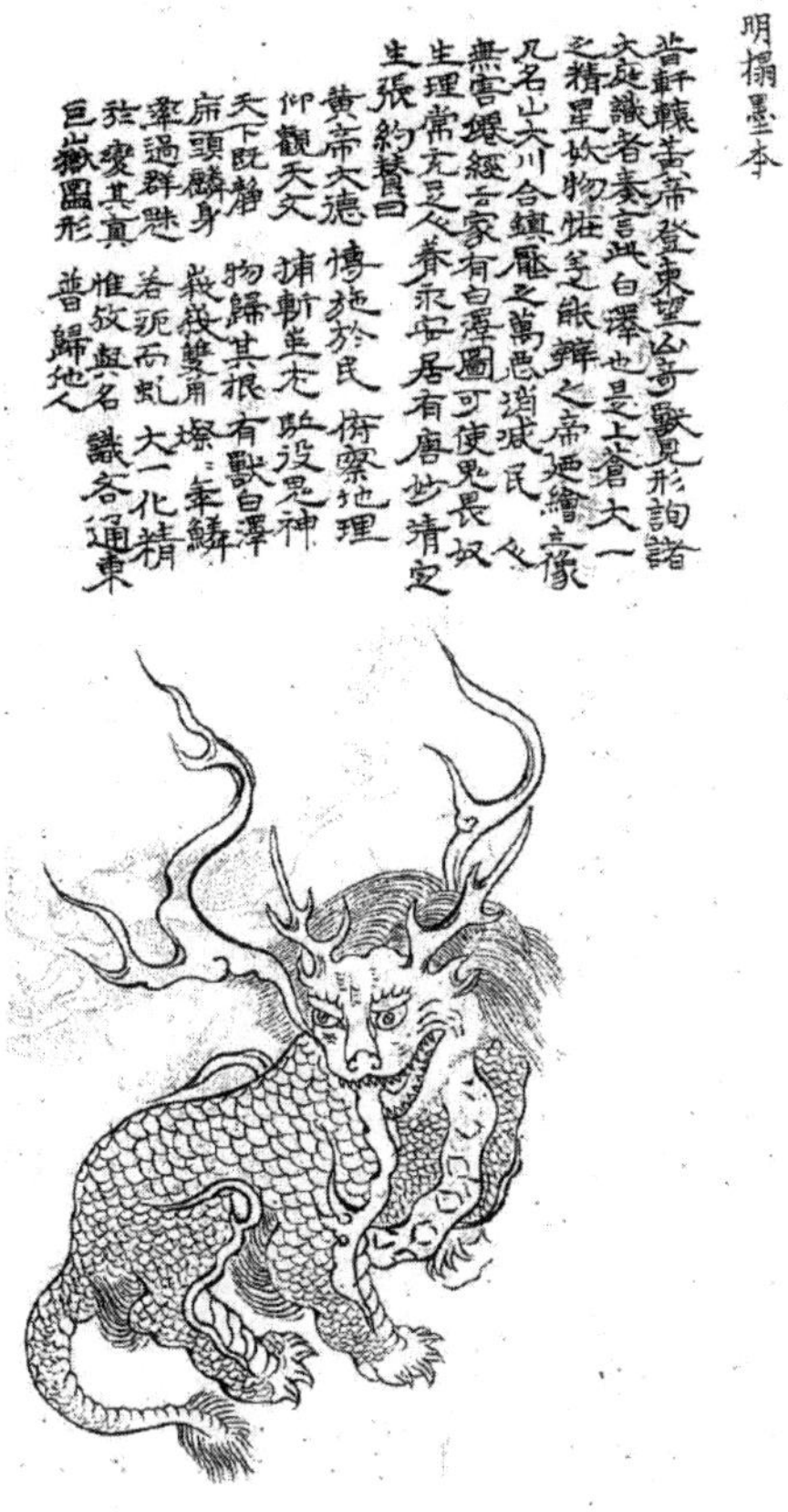

図 3-1　明搨墨本「白沢の図」
〔宮内庁書陵部所蔵、屋代弘賢『白沢考』所収〕

ここで白沢が「上蒼大一（広大なる蒼天）の精」であり、「星妖物怪（天文の異変と地上の怪異）、逆《あらかじ》め能く之《これ》を辨《べん》ず」というのは、いかにも尊大な表現だが、つまるところ、白沢がありとあらゆる怪異に対処できるということである。そこで黄帝は、白沢の絵を描いて立てることで、山川の悪鬼や精魅を鎮圧し、人々の害を除いたという。

このように、明代ではすでに白沢を絵に描くことで辟邪を行なうことが浸透していた。このような慣習はいつごろから始まったのだろうか。たとえば、宋・阮閲《げんえつ》『詩話総亀《しわそうき》』前集・巻三七に載録する唐代の詩話に白沢の図が見える。

羅隠《らいん》が顧雲《こうん》と共に、淮南相国《わいなんしょうこく》の高駢《こうべん》を訪れた。顧雲の人となりは、雅な旋律のようで、高駢は彼を引き留めて、羅隠は帰らせようと思った。羅隠が武陵に帰るおり、賓客たちと雲亭で送別の宴をはった。盛暑のおり、青蝿が座に入りこんだので、高駢が扇で蝿を追い出させ、戯れに羅隠に「青蝿　扇《おうぎ》に扇《あお》がれ席を離る（賓客となれず、帰らねばならない羅隠をハエに見立てた戯言）」と言った。羅隠はそこで「白沢　釘《くぎ》に遭い釘《くぎょう》たれて門に在り」と高らかに詠った。これは羅隠が門扉に白沢の図が打ち付けられているのを目にし、（打ち付けられて身動きのとれない白沢に顧雲を重ね合わせ）顧雲を非難したのである。

文人たちの強烈な皮肉の応酬はさておき、右のやりとりから、白沢の図が門扉に貼られていたことがわかる。中国では門に門神の絵を張り、悪いものが家内に侵入をするのを防いだ。白沢の絵も門神と同じように使われたらしい。これらは別段高価なものではなく、雨風に晒されて破れたら、すぐ新しいものに取り換えられたはずである。そのため、中国では白沢の図がほとんど残らなかったのだろう。

その他、北宋・釈道原『景徳伝灯録《けいとくでんとうろく》』巻十六・澧州《れいしゅう》楽普山《らくふざん》元安禅師《げんあんぜんじ》（八三四〜八九八）の伝記でも、元安が禅問答の中で「家に白澤《はくたく》の図があれば、このような妖怪（怪異）は起こらない」と言ったことが見える（澤を獏に作る例は白沢避怪図にも見える）。このあたりから、白沢の図はさまざまな文献の中に見られるようになる。おそらく唐代の中ごろから後半にかけて、辟邪図として白沢を描く慣習が定着していったのだろう。

二、日本の「白沢の図」「白沢避怪図」

中国で成立した白沢の図は、日本にも伝来し、特に江戸時代中期以降に広く流行した。その背景には、狩野派の絵師らが白沢の図を好んで描いたという状況もあったらしい。そうした中で、おそらく最も広く知られた白沢の図が、戸隠山で刷られた「白沢避怪図《はくたくひかいのず》」である（図3-2）。本図は戸隠山の参詣客に頒布するため、かなりの数が刷られたようである。

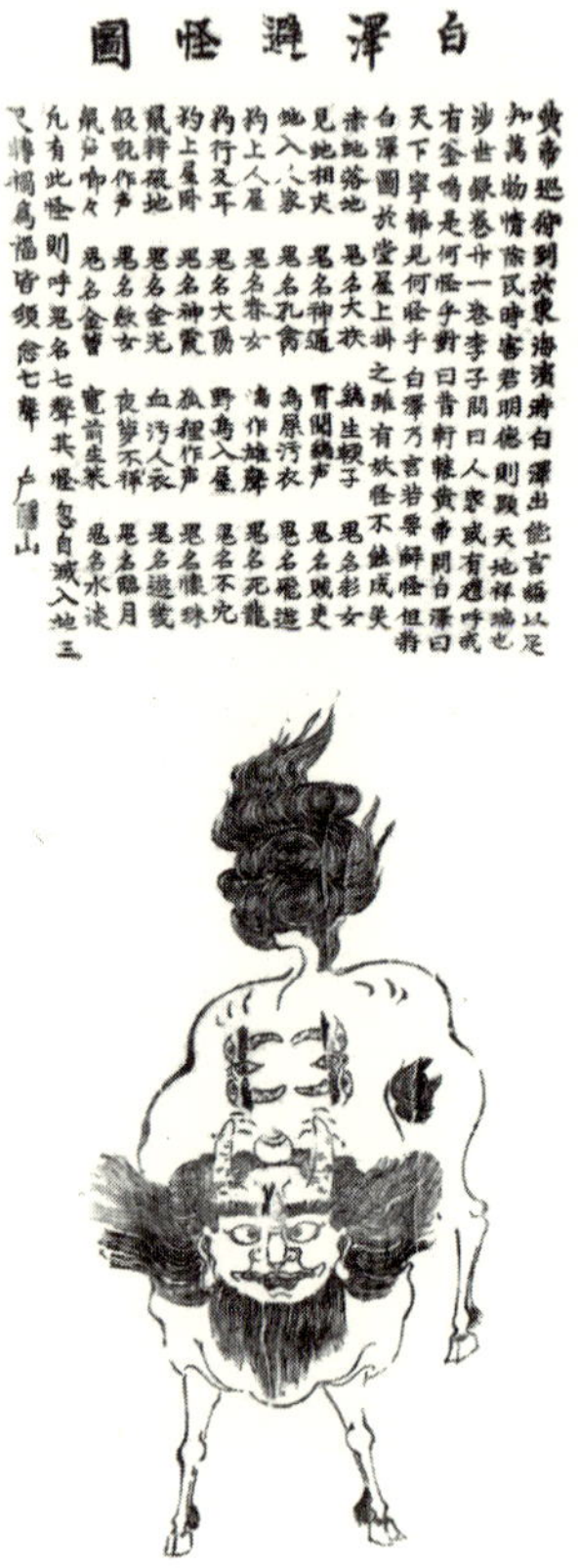

図 3-2　戸隠山の白沢避怪図
〔宮本旅館（長野市戸隠）所蔵、編集部撮影〕

この白沢避怪図の賛には怪異をおこす鬼の名前が列挙されており、『白沢図』と同様にそれを知ることで、わざわいを避けられると考えられたのであった。

白沢避怪図の賛

白沢避怪図で、もうひとつよく知られるのは、その賛に引かれる『渉世録《しょうせいろく》』なる書物である。賛の内容は戸隠の白沢避怪図だけでなく、日本で作られたほかの多くの白沢の図でも共通しており、これまでも白沢の姿と並んで注目されてきた（以下『渉世録』を引用する白沢の図を「白沢避怪図」と呼ぶ）。たとえば、熊沢美弓氏は、多くの白沢避怪図や関連文献を渉猟して、それぞれに引かれる『渉世録』を集成した。これは今日まで最も網羅的な白沢避怪図の賛文資料と言える。ただ、惜しむらくは、『渉世録』の正体を見きわめられなかったことである。

実はこの『渉世録』は、日本ではなく、宋代に中国で書かれた書物であった。坂出祥伸氏は、白沢避怪図を紹介する中で、「『渉世録』（宋・徐彭年）」と簡単に触れているが（『日本と道教文化』）、もう少し詳しく述べると、この書物は、『宋史』芸文志に「徐彭年《じょほうねん》『渉世録』二十五巻、又『渉世後録《しょうせいこうろく》』二十五巻」とあり、白沢避怪図に「『渉世録』廿一巻《にじゅういっかん》に云《い》う……」とあるのとも矛盾しない。また徐彭年については、南宋・陳振孫《ちんしんそん》『直斎書録解題《ちょくさいしょろくかいだい》』巻八の田渭《でんい》『辰州風土記《しんしゅうふどき》』条に、南宋の隆興《りゅうこう》二年（一一六四）に徐彭年が郡守であったことが見えるから、概ね十二世紀ごろの人であろう。

その後、『渉世録』はすぐに散佚したらしく、佚文さえもほとんど残っていない。こうした状況から完本が日本に入ってきたとも考えにくい。したがって、白沢避怪図は日本にしか残っていないが、あくまで賛のみに着目して考える限りでは、舶来した形跡のない稀覯書《きこうしょ》『渉世録』を賛に引くその形式は、中国で成立した可能性が高い。むろん、これは賛の下に描かれる白沢の姿（人面牛身）の成立とは別である。この点は後で詳しく述べることとして、今は賛に着目してみたい。

実は、筆者も後になってから気づいたのだが、この賛の後半部分（後述する悪鬼の名を列挙した箇所）は、『渉世録』ではなく、『事林広記《じりんこうき》』巻之十・己集・攘諸怪法《じょうしょかいほう》（和刻本類書集成本）とほぼ一致する。おそらく『事林広記』から転記したものだろう。金文京氏によれば、同書は南宋の嘉定年間（一二〇八～一二二四）の末以降に成立し、咸淳年間（一二六五～一二七四年）には流通していたようである。『渉世録』もこのあたりまでは伝存していただろう。したがって、白沢避怪図の賛にはじめから『渉世録』と『事林広記』の両方が引かれていたのであれば、その形式が成立した時期として、最も可能性が高いのが『事林広記』成立直後と推定される十三世紀半ばから後半だろう。むろん、『事林広記』の部分だけ後から加筆された可能性もあるが、現存する日本最古の白沢避怪図の賛には、『渉世録』と『事林広記』両方の記事が備わっている。

伝雪舟筆の白沢避怪図

図3-3　伝雪舟筆「白沢の図」
〔宮内庁書陵部所蔵、『白沢考』所収〕

日本の白沢避怪図で、最も古くまで遡る可能性があるのは、伝雪舟《せっしゅう》筆とされるもので（ただし「白沢避怪図」の題はなし）、これも原本はすでに無く、狩野派が用いたらしい摸本が、国立国会図書館に所蔵されている（熊沢美弓氏のご教示による）。また、原本を正確に模写したと思われるものが屋代弘賢『白沢考』『白沢図説』にも載録されている（図3-3）。

雪舟の真筆であるか否かは、原本がない以

図3-4　伝雪村筆「白沢の図」
〔『探幽縮図』所収〕

上はもはや検討のしようがないが、一方で、この原本を見たと思われる雪村《せっそん》の白沢の図もあったらしい。これも原本の行方は知れないものの、原本の鑑定を行なった狩野探幽《かのうたんゆう》の模写が記録集（所謂『探幽縮図』）の中に残っている（図3-4、木場貴俊氏のご教示による）。これを見ると、伝雪村筆の白沢の図は人面牛身で、額・腹部に目がない点（背中にあるのは骨の間のくぼみと思われる。図3-7の『天地瑞祥志』の白沢にも同様のくぼみがある）も含めて伝雪舟筆のそれとよく似ており、前者が後者を参考に描いたのはおそらく間違いないと思われる。

雪村の真筆か否かも、雪舟のものと同様、いまとなっては判定は難しいだろう。『探幽縮図』の記録を見る限りは、探幽も結局は雪村の真筆か否かは明言しなかったらしい。ただ、作者の真贋ではなく、純粋に描かれた年代だけを考えるなら、探幽が鑑定をしたのが万治三（一六六〇）年卯月十六日であるから、これ以前に描かれたことは間違いない。雪村の没年は十六世紀の終わりごろとされる。探幽ほどの目利きが真贋に迷うくらいの出来ならば、相応の古色はついていただろうから、たとえ贋作であっても、雪村の没後からそれほど下らなかったかもしれない。伝雪舟筆の白沢避怪図は、それにさらに先行するはずである（参考までに、雪舟の没年は永正三（一五〇六）年ごろとされる）。
伝雪舟や伝雪村とする白沢の図は、美術品でもあることから贋作の可能性もあって、断定的なことは言えない。ただ、右の資料状況から考えて、伝雪舟筆の白沢避怪図は、仮に贋作であっても、十六世紀末よりは下らないと思われる。したがって、遅くともこの時期までには、白沢避怪図は、現在知られる形式（『渉世録』に加え『事林広記』の引用も含む）が成立していたはずである。

もちろん、この白沢避怪図が、雪舟の生きた十五から十六世紀の初頭に製作された可能性も十分ありえるし、さらには雪舟本人が明に渡ったおり、『渉世録』と『事林広記』を賛に引く白沢避怪図の原型を目にした可能性も否定はできない。ただ、いずれにしても、はっきりした証拠はないので、将来の新資料の発見を期待しつつ、ここでは可能性を提示するにとどめておきたい。

ところで、これ以外に、素性のたしかな初期の白沢避怪図として、琉球の自了《じりょう》（城間清豊《ぐすくませいほう》、一六一四～一六四四）筆のものがある（図3‐5）。その賛文部分は、内容自体はほかの白沢避怪図の賛とおおむね共通するものの、字句の異同や節略がかなりある。そもそもこの賛は、「左行」と言って行を左から右に読んでいく特殊な形式を取る。佐藤文彦氏によれば、こうした左行は書法としてもかなり珍しいらしく、そこに自了の創意もうかがえる。したがって、その創作の一環として自了が元の賛に手を入れて書き改めたとも考えられるが、賛文の異同についてはむしろ抄写の際の誤りと思われる個所もある。たとえば、ほかの白沢避怪図は「『渉世録』巻廿一云……」として『渉世録』を引用するのに対し、自了の場合は、引用の末尾に「此伝見『千渉世録』廿九巻」とする。これは「此伝見于

『渉世録』廿乙巻（この伝は『渉世録』二十一巻に見える。「乙」は「二」と同義）」とあったのが訛伝した可能性が高い。あるいは、左から三～四行目の「曰時為害賢君明徳天地瑞祥曰正出」は文意が通じにくく、脱文や誤字が疑われる。そうなると、ほかとの賛文のちがいは、自了が自分で文章を作ったために生じたものというより、自了が手本を写す際に誤ったか、もしくは、手本そのものが誤っていたか、のいずれかであろう。いずれにしても何らかの手本、つまりほかとは異なる賛をもつ白沢避怪図があったと考えられる。これもまた十六世紀以前に遡りうる事例と言える。自了の白沢避怪図については今後さらに慎重に研究を進めてゆく必要があろう。

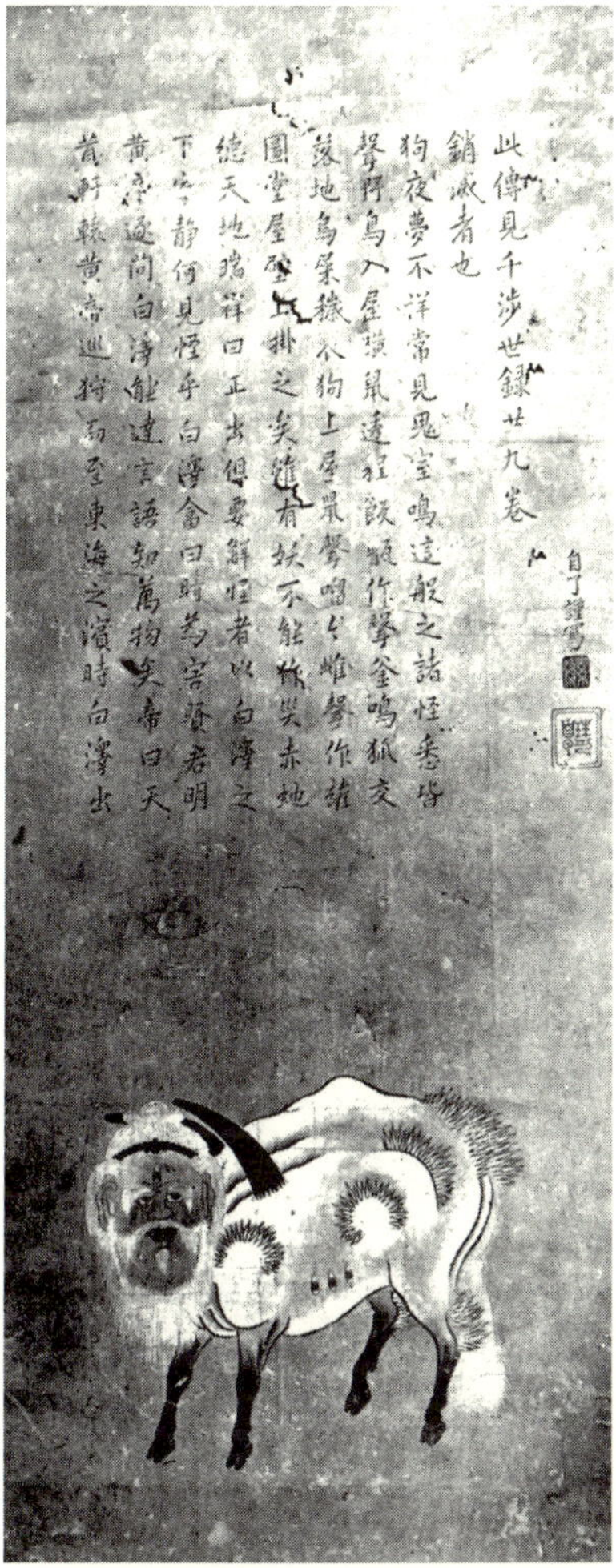

図 3-5　自了「白沢の図」
〔『沖縄文化の遺宝（写真）』所収〕

『渉世録』と『事林広記』

さて、それでは改めて白沢避恠図に引かれる『渉世録』の佚文に着目してみたい。伝雪舟の白沢避恠図によってその内容を示せば、次のようにある（賛文は『白沢考』の朱筆に基づき復元）。

『渉世録』巻二十一にこのようにある。季子《すえのこ》が問うには「家に甑《こしき》（蒸し器）が呼び、釜が鳴ることがあります。これは何の怪異でしょうか？」と。（徐彭年が）答えるには「昔、軒轅《けんえん》黄帝が白沢に『天下は安寧なのに、いかなる怪異を見るのか？』と問うた。白沢はそこで『もし怪異を除きたければ、ただ白沢の図を堂屋の壁に掛けよ。（そうすれば）妖怪が有っても災いをなすことはできない』と言ったのじゃよ」と。

ここでは、先に見た白沢伝説が本来の形から改変されてしまっている。つまり、本来は黄帝が白沢から鬼神の知識を得た、という伝説であったものが、白沢が自分の絵を室内に掛けよ、と言ったことに変わっている。この時期にやはり、白沢の図を貼る習俗が広まっていたためであろう。『渉世録』が書かれたのと同じ南宋の呉自牧《ごじぼく》が書いた『夢粱録《むりょうろく》』巻三・五月条には、五月五日端午の節句の記事として、杭州では、天師（道教の張天師）の草人形や虎、白沢の図などを門額に掛けたことが見える。

次に『渉世録』からの引用の後にある『事林広記』の引用部分に着目してみたい（この部分は書名

が省かれている)。

赤蛇が地に落ちる、(この怪異をなす)鬼の名は大扶。蛇の相交《あい》わるのを見る、鬼の名は神通。蛇が家に入りこむ、鬼の名は孔狗。犬が家に上りこむ、鬼の名は春女。犬が耳を反って行く、鬼の名は大陽。犬が床に上がって寝る、鬼の名は神霞。鼠がソクソクと鳴く、鬼の名は金曹。鼠が地面を耕して破る、鬼の名は金光。鼠が屋上で鳴く、鬼の名は夜蓬。飯瓶が声を出す、鬼の名は吹、一説には斂。夜に不吉な夢を見る、鬼の名は臨月。夜に夢に鬼を見る、鬼の名は大光。鳥が虚弱な雛を生む、鬼の名は彩女。夜に鶏の声を聞く、鬼の名は懐珠、一説には珠。血で衣が汚れる、鬼の名は遊光。

これらの怪異あれば、鬼の名を呼べ。怪異は忽ち消え失せ、地に入ること三尺。

これはつまり、もろもろの怪異の背景には、怪異を引き起こす悪鬼や精魅がおり、怪異からその鬼神の名前を判断して、名前を呼べば禍いは消える、というわけである。興味深いのは、怪異現象から悪鬼を判断する点である。これは『白沢図』や『礼緯含文嘉』精魅篇の大半の条が姿そのものにより精魅を判断して辟邪するのとは大きく異なる特徴である。

宗教者の辟邪書から一般向け縁起物へ

『白沢図』本来の内容では、辟邪をする際には、悪鬼や精魅をその姿から見分ける必要があった。それには実際に鬼神が見えなければならないわけだが、そもそも鬼神は特殊な目や能力を持つ者にしか見えず、彼らは「見鬼者《けんきしゃ》」などとも呼ばれた。古来、ふつうの人間が鬼に思いがけず遭遇した説話は少なくないが、むしろそれが稀有なことであるからこそ、人々が好んでうわさ話としたのである。鬼神が常に見えるのは、たとえば神仙家や道士、宗教者など、とうていふつうとは言いがたい者たちであった。

もっとも、『白沢図』が神仙家や宗教者のあいだで用いられていたころは、それでも良かったのだろう。しかし、白沢の図や白沢避怪図のように、白沢文物が一般の人々の間で広く用いられるようになると、実際にはほとんど遭遇することのない悪鬼や精魅ではなく、怪異現象が辟邪の対象となった。

そもそも怪異とは、現代でこそ「〇〇の悪霊」とか「△△の呪い」のような、怪談やホラー作品のイメージが強いが、本来は、普段なかなか目にしない稀有な現象のことであった。むろん、その中には幽霊やもののけの出現など、いかにも怪異な現象も含まれるが、大半は奇形の動植物や動物の奇妙な行動などが怪異とされた。たとえば、先の白沢避恠図でも、蛇や犬が家に侵入することや鼠が屋根の上で鳴くこと、不吉な夢を見ることなどが怪異として挙げられる。どれも毎日あることではないが、日々の生活の中でたまに遭遇したり、起こりうるモノゴトである。現代でも、鳥居の上に集まったカラスを見て不吉な印象を抱いたり、奇形の動物が生まれたニュースを聞いて何となく不安になる、といったことがあるかと思うが、これが前近代における怪異であった。実際、唐代の『開元占経』所収の怪異占には、こうした怪異が多く載録されている。

白沢文物は、人々に広く受容されてゆく中で、神仙家や宗教者が用いた専門的な辟邪書から、次第に一般向けの縁起物となっていったのだろう。辟邪対象が、宗教者でなくては見ることのできない鬼神や精魅から、誰でも目の当たりにすることがある怪異現象へと変化したこともそのためであろう。

その萌芽はおそらく唐代ごろから始まった。怪異占書に「白沢精怪図」と題したり、『白沢図』のオマージュである『礼緯含文嘉』精魅篇に一部、怪異占や怪異現象による辟邪が含まれていることなどは、これらがその過渡期にあたる白沢文物だからであろう。

そして、このころから浸透してくる辟邪絵としての白沢の図は、ただ掛けておくだけの手軽なものであった。専門の宗教者がいたわけではないから、人々がそこまで熱心に信仰したとも思えない。おそらくは気軽な縁起物であったろう。しかし、それだけに、白沢文物は人々の生活文化に広く浸透してゆくことになったのである。

後世の白沢文物には、香炉や根付（大英博物館蔵「正直」銘。キャプションは「くだん」だが、明らかに人面九眼の白沢）、マッチ箱（内藤くすり博物館蔵）など生活に密着したものも多い。白沢香炉は、実物はないが、春屋妙葩《しゅんおくみょうは》（一三一一〜一三八八）の『知覚普明国師語録』に「金獅子の顔で角があり、あごの下は龍鱗で蛇を踏む」とある。大形徹氏によれば、蛇は邪悪や不祥のシンボルとされ（大形『魂のありか』）、白沢がそれを踏みつける姿は、この香炉に辟邪の効能があることを表わす。実際、同書には、「その香火は群邪を辟ける」とあるように、辟邪に供された。これなど禅僧の記事ではあるが、仏教本来の教えにはない世俗の辟邪文化を取り入れたものだろう。香や香炉も日中の生活文化の中で古くから用いられており、嗜好品としての一面もあった。辟邪呪物を一種の縁起物として嗜好するのは、江戸時代の白沢根付などもそうである。こうした白沢文物の存在は、白沢の図以外にも、白沢文物が広く社会に受容された状況を今に伝えているのである。

三、白沢の姿

ここまで、白沢伝説と『白沢図』、さらにそこから派生してきた白沢文物について解説してきたが、最後に神獣としての白沢の姿についても述べておきたい。このテーマについては、筆者は専門外であり、特に日本の事例については、先行研究に拠るところが大きいが、白沢文物の系譜を俯瞰する立場から、筆者なりの考察も含めて述べてみたい。

人面牛身が一般的な日本の白沢

白沢の姿は、日本では、牛の体に人の顔、額と両わきにも眼がついた「九眼」で、背中に角がある、という特徴的な姿がよく知られる。まえがきで引いた石燕の白沢（図0-1）などは、その典型であろう。ただし、先にとりあげた伝雪舟や伝雪村の白沢は、同じく人面牛身でありながら、特徴的な額と腹の眼はない。たとえば、熊沢美弓氏が初期の例として取り上げるように(「近世武家における神獣白沢の受容」)、中世の節用集《せつようしゅう》や『月庵酔醒記《げつあんすいせいき》』の事例でも、白沢は「人面四足で背上に両の角あり(人面四足、背上有両角)」(節用集・弘治二(一五五六)年本等)、「白沢ハ人面身獣にし帝《て》牛の如《ごと》し」(『月庵酔醒記』)などとある。つまり額や腹の目には言及しない。

九眼の白沢を描いた最も早い事例は、成立時期の明確なものとしては、先にも取り上げた自了の白沢避怪図がある(図3-5)。人面牛身で額とわき腹に眼を描く白沢は、江戸中期以降の白沢とよく似ており、これらに先駆けた例といえる。もっとも、先にも述べたように自了の白沢避怪図には、ある種の創意を読み取りうる一方で、賛を見る限りでは彼がもとづいた手本の存在もうかがえる。したがって、九眼の白沢が自了の創出であったかどうかはわからない。ただ、いずれにしても九眼の白沢が十七世紀の初めにすでに存在していたことは疑いない。後世それが最も一般的な白沢の姿として定着してゆくことになる。

本場中国の白沢の姿

一方で、本場中国の白沢は、まったく異なる姿をしている。しかも、龍や麒麟のように描かれる場合もあれば、獅子と混同されたり、なんともはっきりしない。近年では、天竈《てんげん》(龍頭亀身の神獣)と習合した例もある(図3-6)。これは、会稽山大禹陵の中に設けられた投銭による願かけの石像である。菲飲泉《ひいんせん》に棲む「天竈白沢《てんげんはくたく》」と解説プレートにあるものの、その由来は不明である。中国の寺

図 3-6　菲飲泉の天竈白沢
〔会稽山大禹陵、2010 年、著者撮影〕

図 3-7　『天地瑞祥志』巻 19「白沢」
〔『中国科学技術典籍通彙』天文巻 4 所収〕

廟・道観などを参拝したり、博物館を巡ったりしていると、白沢を思わせる神獣にしばしば遭遇するが、果たして、それが本当に白沢だとはなかなか確信が持てないのである。そこで、以下では、これまでわかっている中国のヴァリエーションを、できるかぎり取り上げてまとめておきたい。

まずは白沢の姿についての記述であるが、白沢伝説が六朝の『瑞応図』や『宋書』符瑞志、『抱朴子』に見えるのに対して、その姿についての記述は、唐代までの文献には、全く見当たらない。『白沢図』が多くの精魅の姿を詳細に記しているのに対し、白沢自身の姿が見えないのは意外である。白沢の姿をうかがうことのできる最も古い資料は、実は『天地瑞祥志』に見える『瑞応図』からの引用である（図3‐7）。その姿は、体はおそらく牛（少なくとも偶蹄目）だろうが、顔が人のようにも見えなくはない。しかし、これを人面と言うには、いささか心許なく、むしろ獅子や虎の顔が伝写の過程で変形したもののようにも見える。

そもそも『天地瑞祥志』は唐代に成立したとされる類書

だが（新羅《しらぎ》成立説もある）、伝存するのは、日本に伝来した写本を祖本とする江戸時代の写本（とその写し）のみである。したがって、そこに載録される『瑞応図』の白沢の絵についても、唐代の姿そのままであると受け取ることはできないだろう。これは先行研究でもおおむね一致した態度である。

龍首型と虎首型

一方、白沢の姿が文字で表された最も古い例は、確実な資料としては明の初めごろに書かれた『明《みん》集礼《しゅうれい》』まで下る。そこには、宋朝と元朝で用いられた軍旗「白沢旗」（図3‐8）について次のように述べる。

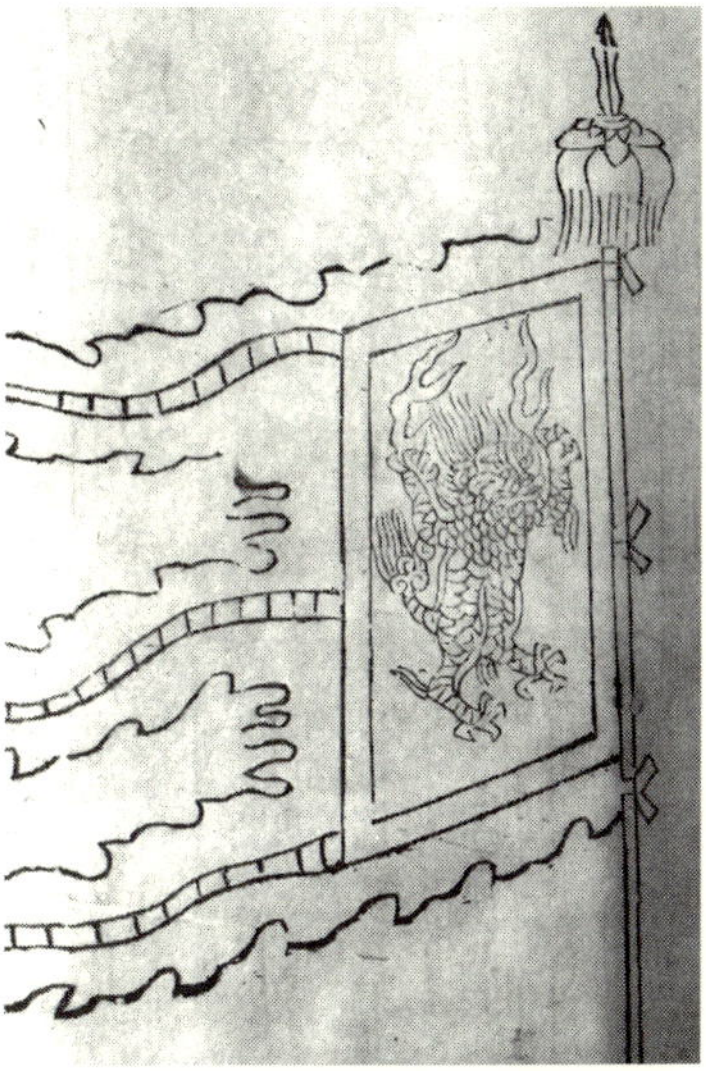

図3-8 『明集礼』の白沢旗
〔嘉靖九年所序刊本、国立公文書館所蔵〕

『唐六典《とうりくてん》』では、武庫令《ぶこれい》に白沢旗がある。宋の制度では、（白沢の）旗は二つで、赤地に白沢を描く。その姿は龍首で緑髪、角を戴いており、飛走する様である。元の制度では、（白沢旗は）赤地に黄の襴《ふちどり》、赤い火炎の脚をもつ。（旗には）虎の首で紅い髪、角があり龍身である。今（明）の制度は宋と同じである。

図 3-9 『程氏墨苑』巻 7 白沢〔『中国古代版画叢刊 程氏墨苑』所収〕

このうち、元の白沢旗の記述は『元史』に見える記述とほぼ同じである（輿服志・儀仗）。『明集礼』によれば、宋は龍首（獣身？）、元は虎首龍身である。宋の龍首型は、明の作画例を見る限り、鱗身（鱗を持つ、龍身）のものと獣身のものがある。

ただし、明代が宋代の龍首型を踏襲したというのは、あくまで白沢旗の話で、民間の白沢の図などを含めると、実際には、龍首型と虎首型の両方があったようである。たとえば、よく知られる『三才図絵』の白沢は（図1-2）、明らかに龍首であり、『程《てい》氏《し》墨苑《ぼくえん》』の白沢も龍首に近い（図3-9）。また、明の勅撰占書である『天元《てんげん》玉《ぎょく》暦《れき》祥《しょう》異《い》賦《ふ》』の彩色抄本には、「獣畜作人言（家畜や禽獣が人の言葉を話す怪異）」を占う項目があるが、そこに付された図は、明ら

図 3-10 『天元玉暦祥異賦』獣畜作人言〔国立公文書館所蔵、明抄本〕

図3-11　『天元玉暦祥異賦』畜獣人語
〔台湾国家図書館所蔵、索書号 06475〕

図3-12　『大明会典』の白沢
〔国立公文書館所蔵、正徳序刊本〕

かに家畜や禽獣ではなく、神獣である（図3-10）。龍首獣身のその姿は、白沢であろう。おそらく白沢伝説に見える「能言人語」が、「獣能言」の怪異と同一視されて、怪異図に描かれたものと思われる。なお、この図はほとんどの写本では獣身に描くが、台湾国家図書館所蔵本の一つに鱗身に作るものがある（図3-11）。

その一方で、虎首の白沢もかなり広く知られていた。『大明会典』の白沢は、虎首龍身の比較的よく知られる例である（図3-12）。江戸の文人屋代弘賢が記録した明の白沢（図3-1）は、やや獅子にも似た顔だが、その図讃に引く唐の妙靖定生《みょうせいていせい》こと、張約《ちょうやく》の賛に「虎頭鱗身」とあるように、虎首龍身として描かれた白沢だろう。『明集礼』で述べるように、白沢は基本的に有髪で描かれるので、虎首でも獅子と区別が付きづらい。なお張約賛は唐代の資料と見なすには、いささか確証のない資料ではあるが、唐代までこの姿が遡る可能性を示す。

また、明代で生活大百科として用いられた『五車抜錦《ごしゃばっきん》』

『万用正宗《ばんようせいそう》』『不求人《ふきゅうじん》』などの諸本に描かれる白沢もおそらく虎首龍身であろう（図3‐13）。なお、時代は下るものの、朝鮮朝にもこの虎首龍身の白沢旗（儀仗旗）が伝わっており、現在はソウル市の徳寿宮の遺物陳列館に所蔵されている（図3‐14）。

このように、白沢は龍首と虎首の両方が広く知られていたようである。そもそも、『明集礼』の白沢旗に併記された図もまた明らかに虎首で描かれており、果たして、本当に宋・元・明と各王朝の儀礼に使い分けられていたかは疑わしい。

図 3-13　日用類書『万用正宗』諸夷門の白沢
〔『中国日用類書集成３三台万用正宗（一）』所収〕

図 3-14　朝鮮朝の白沢旗（19 世紀）
〔『한국의미』所収〕

羊が白沢に変化する

ところで最近、筆者が調査中に見つけた資料で非常に興味深かったのが、次頁の図である（図3-15）。一見して図の上部に羊と並んで白沢（図題では「白狔」、沢と狔は同音）が描かれているのが分かるかと思うが、図の下部には、図題にあるように、『三国志』の馬超《ばちょう》と曹操《そうそう》が描かれているのが不可思議である。

実は、これは『星禽《せいきん》』（明弘治序刊本）という一種の星命占（ホロスコープ）について書かれた本の挿絵である。本書は未刊行資料であり、したがって内容の分析が不十分であるから、ここでは詳しい解説はしないが、「星禽」占術とは、つまるところ生年月日から二十八宿と五行、さらに禽獣を配当した主星（禽星）を定めることで、運命を判断する占いである。

右の図は、「鬼金羊《ききんよう》」（鬼宿、金行、羊）を主星に持つ「馬超」を例に挙げて、具体的な占い方を説明したものである。本図の解説によれば、図題に示された「羊化白沢顕威能（羊が白沢に変化して威能を顕《あらわ》す）」と「馬超三戦敗曹操（馬超が三たび戦い曹操を破る）」とは、馬超の主星である羊（＝鬼金羊）が白沢に変化する辛未年（馬超二十八歳）に、主星が威風本領を発揮したために、三度も曹操（曹操の主星は豹で、本来は羊より強い）を破ることができた、というものである。

星禽術では、禽獣が神獣に変化することで、運命が転換すると考えるようである。白沢は、麒麟や龍、獬豸《かいち》など、多くの神獣の一つとして取り上げられているに過ぎない。そして禽獣との組み合わせも、両者に何らかの繋がりがイメージされているわけではないのだろう。

しかし、そうは言っても、同書の白沢が興味深いのは、民間で出版されたと思われる同書に虎首龍身の白沢が描かれている点である。これは明代に虎首龍身の白沢が民間に浸透していたことを示す証拠である。そして、実は同書にはもう一つ白沢を描いた挿絵がある。それが図3-16である。これも「鬼金羊」を主星に持つ場合の「羊化白沢」の占例であるが、興味深いことに、こちらの「白沢」は、龍首鱗身である。足が偶蹄である点も興味深い。

おそらく、この二つの白沢は、民間で異なる二つの白沢図像が流布していたことを示すのだろう。

図 3-15 『星禽』に登場する白𤜣
〔『星禽』、復旦大学図書館（中国）所蔵〕

図 3-16 『星禽』に登場する白𤜣

日本では、人面牛身の白沢という固定的イメージが定着したが、中国では、むしろさまざまな姿で受け入れられたことが、『星禽』の白沢図像二例から見えてくる。したがってすでに述べたように、各時代の白沢イメージを固定的に理解する必要もないわけである。

敦煌写本の白沢の図

虎首龍身の白沢図像のルーツがどれほど遡るかは判然としないが、筆者は少なくとも唐代までは遡ると考えている。というのも、敦煌写本の中に、この虎首龍身の白沢を彷彿とさせる絵画が見つかっているからである（図3‐17）。

図3-17　敦煌絵画の白沢
〔大英博物館所蔵、SP.157〕

この図は大英博物館に所蔵されている（SP.157, Ch.00150）。先に紹介した『白沢精怪図』と同様に敦煌で発見されたものである。美術史研究者のロデリック・ウィットフィールド氏はこの図を「洛書を受ける禹（Yu receiving the writings of the Luo River）」として紹介する。また、その解説の中で、この場面を、①伏羲が龍馬から河図《かと》を得ているとする説、②禹が龍馬から洛書《らくしょ》を得ているとする説、を取り上げて紹介している。これはいわゆる「河図洛書」の伝説で、伏羲は黄河から出現した河図にもとづき八卦《はっけ》を作り、禹は洛書にもとづき洪範《こうはん》（天下を治めるための大法）を作ったという。いずれも聖王に感応した天が祥瑞として図書を下した例である。「河図洛書」の出現には、いくつかのパターンがあるが、龍馬からもたらされるのも、そのひとつである。図を見てみると、たしかに龍身に蹄を持つ足は、龍馬を連想させる。

しかし、よく見るとその蹄は二つに割れた偶蹄であり、馬のような奇蹄ではない。偶蹄の白沢は『天地瑞祥志』に見える（図3‐7）。そして、この神獣の顔は明らかに龍や龍馬のものとは異なる。眉をはっきり描く姿は獅子や虎の描き方に近い。つまり、虎顔龍身の白沢によく似た姿である。そして、やはり注目すべきは、紙と筆を持つ右の人物である。神獣と向かいあい、何かを書き留めているように見えるその構図は、黄帝が白沢から鬼神の知識を得て、それを臣下に描かせたという伝説を彷彿とさせる。

筆者はこの図を見たときから、これは白沢ではないかと思っていたが、本格的に検討したことはなかった。ところが、二〇一四年、シカゴ大学のドナルド・ハーパー氏により同図が白沢の図であるとする詳しい考察が発表された（The Other Baize tu from Dunhuang and Tang Popular Culture.）。前段の解説はハーパー氏の考察をふまえ、筆者なりにまとめなおしたものである。

ハーパー氏は中国古代の出土文献に見える宗教文化の専門家であるが、美術史にも造詣が深く、以前から『白沢図』や白沢の研究を発表している。今回のハーパー氏の考察は、細かい点ではなお検討

図 3-19　左わき腹に眼を持つ鎮墓獣
（7 世紀アスターナ 224 号墓出土）
〔『CHINA crossroards of culture』所収〕

図 3-18　隋代の人面獣身型鎮墓獣
（河南省安陽市張盛墓出土）
〔『中国古代鎮墓神物』所収〕

の余地があるかもしれないが、同図に描かれた神獣を白沢であるとする主張は大筋で納得できる。

特に重要なのは、ハーパー氏がこの白沢と唐代の鎮墓獣《ちんぼじゅう》（墓中を鎮護する陶製の辟邪獣）との共通点や関係性を指摘している点である。やや拡大解釈となるが、鎮墓獣にはさまざまな形式があり、人面獣身や人面牛身、背中に角を持つなど、日本の白沢とも類似点の多いものが、中国各地の北魏から唐代の墓から見つかっている（図3-18）。中には腹部に眼を持つアスターナ（ウイグル自治区）の事例もある（図3-19）。時代的な隔たりが大きいため、日本の白沢との関係を直接に論じることはできないが、何らかの影響関係を念頭においた比較研究の余地もあるように思われる。

図 3-20　『万宝事山』諸夷門の白沢
〔東北大学所蔵、GE241.0466〕

あるいは、先に紹介した日用類書の白沢（図3-13）もおそらく虎首龍身だと思われるが、実は諸本のヴァリエーションの中には、かなり人面に近い描かれ方をしているものもある（図3-20）。もっとも、白沢の記事が見えるのは、『万用正宗《ばんようせいそう》』や『万宝全書《ばんぽうぜんしょ》』、『不《ふ》求人《きゅうじん》』に代表される明の万暦年間（一五七三～一六一九）以降の日用類書のみである。したがって、日用類書の図像が日本の白沢図像の成立に直接的な影響を与えた可能性は低いのだが、虎面や獅子面から人面へという発想自体は、中国においても十分あり得ただろう。先の敦煌の白沢も、獅子面ではあるものの、見ようによっては人面を連想させるような表情である。

むろん無理に日本の白沢のルーツを中国に結び付ける必要はないが、先にも述べた白沢避怪図の賛のように、中国成立をうかがわせる要素も、日本の白沢の図には確かにある。日本にしか例のない人面の白沢も、たとえば、明に渡った日本人が現地で見た絵や明から舶来した文物から着想を得た可能性を想定しておく必要があるかもしれない。

補章　白沢研究の軌跡

白沢研究には、広い分野の研究者が参加しているが、大きくは〈神獣白沢とその図像研究〉と〈『白沢図』の資料研究〉に分けられる。前者は特に日本独自の白沢を考察した研究が多い。そのため か、前者の研究では、後者の研究の成果はほとんど取り入れられていない。しかし本書で示したように、白沢文物という観点で見れば、『白沢図』と神獣白沢という二つのテーマは、ひとつの辟邪文化を構成する表裏一体の関係にある。そこで筆者の観点から二つのテーマを俯瞰し、今日までの白沢研究の軌跡をたどってみたい。

一、神獣白沢とその図像研究

最も古い神獣白沢の研究は、江戸時代に幕府祐筆の屋代弘賢《やしろひろかた》(一七五八〜一八四一)が書いた『白沢考』(宮内庁書陵部所蔵。異本『白沢図説』を国会図書館が所蔵)である。これは白沢に関する記事や白沢の図を集めたもので、基本的な白沢伝説の記事に加え、本書でもしばしば引用したように、伝雪舟筆の白沢や明代の白沢の図など、貴重な資料を掲載している。論文として最も古いのは、原田淑人氏の研究(一九四〇年)である。氏は考古研究の立場から白沢を考察し、特に白沢を獏と同一視する説のルーツを中国に求めて検証した。

その後、長らく研究がなかったが、一九九四年に白沢を取り上げた牛山佳幸氏の講演録が発表された。牛山氏は日中の白沢記事や図像例を紹介したが、特に日本中世の例として取り上げる、飯田市の白山神社奥殿に描かれた白沢は重要である。この絵は現在、同市の公式サイト（https://www.city.iida.lg.jp/site/bunkazai/hakusansha.html）で公開されており、人面九眼の迫力ある白沢を閲覧できる。牛山氏は、本殿が一五〇六年建立であることから、白沢も同時代に描かれたと推定する。その通りなら最古の人面九眼の白沢だが、公式サイトには「室町時代よりも新しいものと考えられ」るとあり、その後の研究でも取り上げていないので本書では扱わなかった。この白沢の位置づけは今後、検証してゆく必要がある。

次いで一九九八年に西岡弘氏が発表した「神獣白沢考」は、中国思想研究者による初めての白沢研究であり、漢籍に見える白沢資料研究の基礎となった。また一方で、白沢避恠図への関心から書かれた論文らしく、先の牛山氏の講演録を踏まえ、日本の資料も検討している。特に先の屋代弘賢『白沢考』を取り上げたことなど、後の研究に貢献した点が多い。

二〇〇二年には、立石尚之氏が白沢の姿について論文を発表した。これは特に江戸時代に流行した人面牛身の予言獣「件《くだん》」との比較を試みる点がユニークであった。二〇〇七年には、アメリカのドナルド・ハーパー（Donald Harper）氏がカーメン・ブラッカー氏旧蔵の福原五岳《ふくはらごがく》（一七三〇～一七九九）の白沢避恠図について解題を書き、その図と賛は坂出祥伸『日本と道教文化』（後出）でも紹介された。ハーパー氏は中国の出土文献の研究者であり、早くから『白沢図』研究で論文があったが、この時期には、日本の白沢にも関心を持ち始めていたようである。なお、五岳の白沢避怪図は、二〇一六年にハーパー氏により大英博物館に寄贈された。

　また、二〇〇七年には、熊沢美弓氏が「『渉世録』について――「白沢避怪図」にみえる妖怪資料」を発表し、その後も二〇一〇年の「神獣「白沢」と文化の伝播」から二〇一六年の「近世武家における神獣白沢の受容」まで多くの研究を発表している。本書でも取り上げたように、熊沢氏の最初の論文では、諸書に見える白沢記事を概観した上で、白沢研究の観点から、白沢避恠図とその賛（『渉世録』を引く）を集成し、分析を行なった。続く第二論文では、日・中・琉球の資料を整理した上で、中国から伝来した白沢が、日本で独自に変容し、特徴的な人面獣身の姿をとるようになったと結論づけた。その後の研究では、個別の白沢資料を取り上げ、白沢の文化受容とその背景の考察を進めている。

　熊沢氏がはじめの二篇を発表した後、二〇一二年に岡部美沙子氏が、これまでの白沢研究史をまとめ、従来の見解に対して補訂と問題提起を行なった。同時に韓国の白沢資料を取り上げるなど、新知見を加えた個所も多い。岡部氏はその後も白沢研究を継続し、二〇一五年の東アジア恠異学会第一〇〇回記念研究会でも報告を行なった。報告の主眼は、氏が陝西省で見つけた白沢石像の考察にあったが、その中で中国の白沢を比較する際に、虎首（龍身）と龍首の違いに留意する点に筆者も啓発を受けた。本書で中国の白沢の姿についてまとめた際も、この観点を取り入れたつもりである。

　このように、白沢図像の研究は、日本の研究者が中心となり進められてきたが、最近は海外でも新たな動向がうかがえる。まず二〇一三年に、何凌霞《かりょうか》氏が中国の白沢について専論を発表した。特に文字学・音韻学の観点を取り入れ、白沢のルーツを虎に求めて楚の虎崇拝などの影響を指摘した点は、なお慎重な検証が必要とはいえ、興味深い。続く二〇一四年には、先のハーパー氏が、米プリンストン大学の国際会議で、これまで龍馬とされてきた唐代の神獣図（大英博物館所蔵）が、本来は白沢を描いたものとだする見解を発表した。この図は九世紀のものとされるため、氏の説が正しければ、現存する最も古い白沢の原図となる。そこで本書でも最新の研究として紹介した。

二、『白沢図』の資料研究

白沢文化の本場である中国では、白沢より『白沢図』の研究が主流であり、白沢の姿やその伝説は、多くは『白沢図』研究の一環として取り上げられてきた。

最も古い『白沢図』の研究は、清代の馬国翰《ばこくかん》『玉函山房輯佚書《ぎょっかんさんぼうしゅういつしょ》』や洪頤煊《こういけん》『経典集林《けいてんしゅうりん》』に収録される『白沢図』の輯本である。さらに新見寛編・鈴木隆一補『本邦残存典籍《ほんぽうざんぞんてんせき》による輯佚資料集成』（一九六八年）収録の輯本もある。この輯本は、日本にのみ伝存する漢籍に引かれる佚文を収録しており、馬国翰や洪頤煊の輯佚を補うものであった。

一方、二〇世紀の初めに、もうひとつの「白沢図」が敦煌から発見された。『白沢精怪図』の名で知られるフランス国家図書館所蔵の唐写本P二六八二（Pelliot Chinois 2682）である。この『白沢図』を思わせる書名を持つ写本の発見により、『白沢図』と合わせた研究が後に盛んになる。『白沢図』研究は、まさにここから始まったと言っても過言ではない。『白沢精怪図』が注目されるようになるのは、一九三六年に王重民《おうちょうみん》氏が同書の解題を発表してからだろう。これはわずか三百字余りの短文だったが、ここで王氏が示した『白沢図』と『白沢精怪図』のつながりは、やがて両書の同一視へとつながってゆく。

一九四七年には、讖緯《しんい》思想《しそう》研究者の陳槃《ちんばん》氏が『白沢図』について詳しく検討し、論文を発表した。これは初めての本格的な『白沢図』研究であり、後の研究の基礎となる資料の多くが、このとき取り上げられた。特に陳氏が『白沢図』を讖緯《しんい》（予言や経典の神秘的解釈）の書とみなし、『白沢図』と類似の内容を持つ讖緯文献をいくつも挙げる点は重要である。これは『白沢図』の淵源を考える上で、今なお重要な指摘である。

また陳氏は、『抱朴子』登渉篇に『白沢図』の佚文によく似た精魅記事があることから、それが『白沢図』に基づき書かれたと考えた。ただ『抱朴子』の精魅記事は、『白沢図』の佚文には一致するものが無く、陳氏の説はあくまで推測だった。ところが、陳氏はこのときまだ確認できていなかったが、実は『白沢精怪図』にほぼ同じ精魅記事があったのである。後に饒宗頤《じょうそうい》氏（一九六九年）と林聡明氏（一九七七年）が、この点を指摘し、陳氏説に賛同した。つまり、彼らは『白沢図』の内容が『抱朴子』に継承され、後に『白沢図』は散佚したが、新発見の『白沢精怪図』（＝『白沢図』）にはそれが残っていたと考えたのである。このように当時は、『白沢図』と『白沢精怪図』を同じ書物と見なすのが一般的であった。

しかし、書名が似ていても、必ずしも同じ書物とは限らない。早くから『白沢精怪図』と『白沢図』を別の書物と考えたのが、美術史家の松本栄一氏である。氏が一九五六年に発表した論文は『白沢精怪図』についての初めての専論であり、今日でも必読の一篇である。氏は早くから同書が怪異占書の一種であり、『白沢図』とは全く別の書物だと断定した。その際に、「白沢精怪図」の書名を含む識語が本文とは別人の筆跡であり、その書名を呼称に用いることに異を唱えてもいる。後にこの問題は筆者らに継承されることとなる。

その後、六〇~七〇年代には、先の饒宗頤氏や林聡明氏の論文が出たくらいで、大きな発展はなかった。ただ、饒氏により、大英博物館所蔵の敦煌写本S六二六一（Stein. 6261）が、『白沢精怪図』のもうひとつの残巻として知られるようになる。

八〇年代に入ると、ユニークな研究が多く発表される。まず、前節でも紹介した出土資料研究者のドナルド・ハーパー氏は、一九八五年と一九八八年に発表した二篇の論文で、睡虎地秦簡日書「詰篇」と『白沢図』『白沢精怪図』の比較を行ない、Demonography（精魅や呪術についてのさまざまな知識）としての系譜を両者の間に見出した。氏も『白沢図』と『白沢精怪図』を同じ書物と見なすが、両者の相違については、『白沢図』が輯本であるために、類書に引用された際に、精魅の名前や姿の記述が重視され、本来『白沢図』に備わっていたはずの豊富な呪術知識は失われた。それが偶然発見された『白沢精怪図』には残っていた、と考える。これは筆者の結論とは異なるが、たしかに考慮すべき可能性である。

一方、高国藩《こうこくはん》氏も『敦煌民俗学《とんこうみんぞくがく》』（一九八九年）の一章を『白沢精怪図』の研究にあてる。その中で『白沢精怪図』に見える鬼神や精魅の淵源について深く考察しており、非常に示唆に富む。また、高氏も『白沢精怪図』＝『白沢図』とは考えず、本来の『白沢図』が敦煌の民間で加工されたと考える。たとえば先の陳槃説の元になっている『抱朴子』の記事なども、『白沢図』にそれが加筆されたものと推定する。これも傾聴すべき見解である。後に孫文起氏がこの説を採っている。

その後、九〇年代には研究がほとんどなく、二〇〇〇年代に入ると、研究が徐々に増えてゆく。その背景には、黄正建（二〇〇一年）に始まる敦煌占卜文献研究ブームの影響もあったと思われる。この時期は、二〇〇三年に周西波《しゅうせいは》氏とカトリーヌ・デスプ（Catherine Despeux）氏、二〇〇七年に孫《そん》文起《ぶんき》氏が、それぞれ論文を書いている。デスプ氏は、マーク・カリノフスキー氏を中心とする英仏の敦煌占書研究プロジェクトの一環として『白沢精怪図』を含む占書文献に詳しい解題を付した。一方、周西波氏と孫文起氏は、『白沢図』を中心として研究を行なった。特に周氏は、『白沢図』とその周辺文化を含め広く検討しており、重要である。たとえば、唐代ごろから辟邪に用いられた白沢の図の存在、『元史』に見える白沢の姿、神獣白沢の道教や仏教、さらに小説への影響など、『白沢図』のみならず、白沢やその図像を考える上でも重要な考察が多い。なお、刊行されていないが、王愛和《おうあいか》「敦煌占卜文書研究」（二〇〇三年博士論文。CNKI 未登録）にも『白沢精怪図』の研究がある。

そして、いよいよ二〇一〇年前後から、『白沢図』の論文がひっきりなしに出るようになる。まず二〇〇九年十一月に筆者が『白沢図』の新たな輯本を発表し、その解題の中で、『白沢図』に怪異占の佚文がほとんどないことを根拠として『白沢図』と『白沢精怪図』が別の書物だと指摘した。翌年三月に出版された坂出祥伸『日本と道教文化』では、さまざまな白沢文物を取り上げ、白沢の図と

『白沢図』の混同など、従来の誤謬を訂正する一方、新資料を含めた考察を行なった。続く四月には、游自勇氏が『白沢精怪図』の復元（P二六八二の有図部分・無図部分とS六二六一の前後関係の考察）と本文校訂が中心の基礎研究を発表した。これは学会予稿集に収録された論文であったこともあり、後に改訂を経て「敦煌本『白沢精恠図』校録――『白沢精怪図』研究之一」（二〇一一年）として発表された。その際に、筆者の知見を踏まえ、復元内容を修正している。実は、筆者は二〇一〇年の二月から上海に研究留学し、中世社会史研究者の余欣《よきん》氏を通じて、游自勇氏と詳しく意見交換をする機会を得ていた。また、その直前、筆者は『白沢精怪図』の原本を実見するため、パリに調査に行っており、余欣氏の研究会でその成果を発表していた。これに游氏も参加していたのである。その後、筆者の発表は、中国の雑誌事情もあり、二年あまり空いて二〇一二年に専門誌『敦煌研究』に掲載された。その中には原本を調査した知見を多く反映したが、特に重要な指摘は、「白沢精怪図」という書名が写本残巻の補修者による命名である可能性を指摘した点である。

その間、游氏は二〇一一年に「『白沢図《はくたくず》』与《と》『白沢精怪図《はくたくせいかいず》』関係析論《のかんけいせきろん》――『白沢精怪図』研究之二」、二〇一二年に「『白沢精怪図《はくたくせいかいず》』所見的物怪《しょけんのぶっかい》――『白沢精怪図』研究之三」を発表した。その中で『白沢図』と『白沢精怪図』の関係を検証し、両者をやはり別の書物と断定した上で、『白沢精怪図』に見える怪異占や精魅のルーツを考察した。また同書の特徴として、日常生活で遭遇する怪異とそれに対するさまざまな辟邪呪術に着目し、これらが『白沢図』よりも雑多かつ豊富に見える理由として、『白沢精怪図』が純粋に実用のために編集された書物である点を指摘した。これも両書の性格を考える上で重要な指摘と言える。

游氏の三本目の論文とほぼ同時に、筆者は「『白沢図』をめぐる辟邪文化の変遷と受容」（二〇一二年）を発表し、『白沢図』から白沢避恠図までの白沢文物を整理し、その辟邪対象が、時代を下るにつれ、悪鬼や精魅（モノ）から徐々に怪異現象（コト）へと拡大していったことを指摘した。これには従来、別々に扱われてきた〈『白沢図』の資料研究〉と〈神獣白沢の図像研究〉を統合する視点として、白沢文物の系譜を提示する意図もあった。

もっとも、この論文を書いた段階では、白沢文物の辟邪対象が精魅から怪異現象へと変遷する過渡期にあたる資料がなく、系譜上のミッシングリンクとなっていた。しかし、後にこの変遷を裏付ける資料が見つかった。それが本書にも掲載した『礼緯含文嘉』精魅篇である。その考察は「『礼緯含文嘉《れいいがんぶんか》』精魅篇《せいみへん》的《の》辟邪《へきじゃ》思想《しそう》与《と》鬼神観《きしんかん》」（二〇一四年）で発表し、『白沢図』から白沢避恠図へと至る系譜をより明確に示すことができた。

本書では、こうした最新の成果を踏まえ、さらに筆者自身の白沢図像についての考察を加えることで、あらためて総合的な白沢研究の視座を提示したつもりである。

附録　『礼緯《れいい》含文嘉《がんぶんか》』精魅篇《せいみへん》

『礼《れい》緯《い》含《がん》文《ぶん》嘉《か》』に載録される精魅篇は、載録する『礼緯含文嘉』そのものが、これまでほとんど知られていなかったこともあり、従来の白沢・白沢図研究においても、全く取りあげられてこなかった資料である。しかし、第一章で詳しく述べたように、精魅篇は、数ある白沢文物の中でも、最も『白沢図』の思想を忠実に継承したと言える辟邪文献である。それは『白沢図』のみならず、白沢文物の文化史、ひいては、辟邪文化そのものを理解する上でも大事な資料といえる。そこで、ここに全文および訳注を掲載する。

〔凡例〕

一、本文は台湾国家図書館所蔵『礼緯含文嘉』（以下「台本」と呼ぶ）を底本とし、浙江図書館所蔵『礼緯含文嘉』（以下「浙本」と呼ぶ）を用いて対校した。

一、凡例は原則として「『白沢図』輯校」に従う。ただし、注釈で台本・浙本間の異同を記す際には、両本が未刊資料である点を考慮し、誤字・脱字も含めてなるべく網羅的に記した。

一、各条の配列は、台本に拠った。なお浙本の配列は台本と異なり、1・2・3・4・7・8・5・6・9・10・11・12・13・14・15・16・17・18・21・22・23・24・25・26・27・20・29・30・32・33・35・34・36・37・19・38・39・40・41・43・31となっている。

一、『白沢図』佚文と対応する条には、注に『白沢図』輯校の対応条を示した。

小序

夫精魅者、或託[1]山陵（林）邱陵[2]、物色人形六畜[3]、非理有物像[4]。或器物及物類[5]作聲者。或有乾者輒潤澤。或死物而有變、異類而假作[6]。謹按黄帝〔白〕澤圖[7]曰、「夫人間諸類物、未有精勢、數之駈邪。」相承用[8]。蓋五行之末、氣事屬邪神。今具述像形[9]、以令人察之。具詳形影于後[10]。[11]

[訳]

いったい精魅というものは、あるものは山林や邱陵に宿り、物（精魅）の姿は人の形や六畜となる。これは常理を外れて、物の姿を持ったものである。或いは器物および諸物が音声をなすことがある。或いは乾いたものが突然濡れることがある。或いは死んだ者が変化することがあり、異類がかりそめに（怪異を）なすこともある《死んだ者が異類に変じて、かりそめに（怪異を）なすこともある》。謹んで案じてみると、黄帝の『白沢図』に、「いったい人間《じんかん》（世間）に存在する諸類の物（精魅）は、まだ精の勢がなければ、これを責めて邪を駆逐する」とあり、これを踏襲してきた。《「いったい

(1) 浙本「託」を「托」に作る。
(2) 浙本「山陵邱陵」を「山林丘陵」に作る。これにより改める。
(3) 「色」字あるいは元「象」字に作るを疑う。
(4) 浙本「像」を「象」に作る。
(5) 浙本「及物類」を「諸類」に作る。
(6) 浙本「死物～假作」の十字を「死物變異類而假作」に作る。
(7) 浙本「黃帝澤圖曰」を「黃帝白澤云」に作る。両本を案じ「黃帝白澤圖曰」に改める。
(8) 浙本「未有～之末」の十六字を「未有無精。勢數之馳、互相承用。五行之末」に作る。いずれも文意通じ難く、ひとまず試譯を付しておく。論語爲政の何晏集解に「物類相召、勢（世）數相生、其變有常。故可預知者也」とあり、浙本は或いはこの意か。
(9) 浙本「今具述像形」を「今述其形體」に作る。
(10) 浙本「具詳形影于後」を「且書形影於後」に作る。
(11) 浙本「後」字の下に「今圖不存」の四字有り。

人間に存在する諸類の物には、精のないものはない」とあり、勢数の及ぶこと（勢いと運数のめぐる常理。物類相応の常理と合わせて予知の参考とした）はおのおの踏襲されてきた。》思うに、五行の末では、気のことは邪神に属す。いま詳しく（精魅）の像形を述べ、人にこれを知らしめる。その後に図影を描く。

1　山精、形如鼓、名蘷(1)。見之、呼名止。

［訳］

山の精は鼓のような姿をしており、名を蘷《夒》と言う。これを目撃したときは、その名を呼べば止まる。

(1) 浙本「蘷」を「夒」に作る。いずれも「夔」が訛傳したものか。

(参) 輯校第17～19條。

2　大石精、一足小兒、名〔曰〕(1)是(2)。見之、呼名、不爲害。

［訳］

大石《おおいわ》の精は一本足の子供の姿をしており、名を是《ぜ》《疋《ひつ》》と言う。これを目撃したときは、その名を呼べば、害をなさない。

(1) 浙本「名」字の下に「曰」字有り。これにより改める。

(2) 浙本「是」を「疋」に作る。

3　辟宮精、似人、無言語。名〔曰[1]〕道。可殺[2]之、即大吉[3]。

［訳］

辟宮（やもり）の精は、人の姿に似ているが、言葉は話さない。名を道《どう》と言う。（これを目撃したときは、）殺すべきである。（そうすれば）即座に大吉となる。

（1）浙本「名」字の下に「曰」字有り。これにより改める。
（2）浙本「殺」を「然」に作る。案ずるに元は「煞（殺の異體字）」に作るを誤りて「然」に寫したものか。
（3）浙本「吉」字の下に「利」字有り。

4　掘地精、兩頭[1]鷄身、名曰患患。見之大吉。

［訳］

地面を掘って、双頭鶏身《双頭の螭《みずち》で鶏身》の精魅が出てくることがある。これは名を患患《かんかん》と言う。これを目撃したら、大吉である。

（1）浙本「頭」字の下に「螭」字有り。

5　炊竈未沸甑中火出者大凶、以羊糞二七粒[1]、釜西埋之、吉。

［訳］

竈で炊飯をしようとして、まだ沸騰しないのに、甑の中に火が出たときは、大凶である。羊のフン二七（十四）粒を用意して、釜の西側に埋めれば、（災い転じて）吉となる。

（1）浙本「粒」を「枚」に作る。

6　鳥糞汚人衣、名曰戸雖。呼其名、大吉。

[訳]

鳥がフンをして人の衣を汚せば、(その怪異を起こしている精魅の)名を戸雖《こすい》と言う。その名を呼べば、大吉である。

＊「鳥糞汚人衣」の怪異は怪異占書に類例を見ず。事林廣記(和刻本類書集成)10己集・禳諸怪法に「鳥屎人衣、鬼名飛遊。」と言うに似る。

7　古鐘精、名曰發卽。見之、大吉。(1)

[訳]

ふるい鐘の精は、名を発即《はっそく》と言う。これを目撃すれば、大吉である《これを目撃して名前を呼べば、人に害をなさない》。

(1) 浙本「大吉」を「呼其名、不害人」に作る。

8　華表精、名隱仙。見之呼其名、不害人。(1)

[訳]

華表(入り口の門)の精は、名を隠仙《いんせん》と言う。これを目撃したときは、その名を呼べば、人に危害を加えない《これを目撃すれば、大吉である》。

(1) 浙本「呼其名、不害人」を「大吉」に作る。

9 赤蝎白羽、名曰搖尾。見之、殺人有毒。

[訳]

赤い蝎に白い羽を持つものは、名を搖尾《ようび》と言う。これを目撃したら、(この精魅は)毒を持っており、人を殺す。

(1) 浙本「竝」を「併」に作る。
(2) 浙本「殺之大凶」を「殺則大凶、損人」に作る。
(参) 輯校第70~74條。

10 羊角竝[1]者龍也。勿殺之、大吉。殺之、大凶[2]。

[訳]

羊の角が二つあるものは、実は龍なのである。これを殺してはいけない。(そうすれば)大吉である。これを殺してしまうと、大凶である《大凶で人を損なう》。

(1) 浙本「牛」を「羊」に作る。
(2) 浙本「可」字無し。
*「堀地見牛」の怪異は開元占經117に「天鏡曰、牛從地中出、不出二年有大殃」等と言う。

(参) 輯校第68條。

11 堀地見牛[1]、名曰封。烹、[2]可令人食之、大有力。

[訳]

地面を掘って牛《羊》が現れたら、その名を封《ほう》という。煮れば人にこれを食べさせ、大いに力を得させることができる。

12 樹精、能言、人頭狗身。名曰雲陽。見之、呼其名、即吉(1)。

[訳]

樹木の精は、言葉を話すことができる。(その姿は)人の頭に犬の身体である。名を雲陽《うんよう》と言う。これを目撃したときは、その名を呼べば、即座に吉となる。

(1) 浙本「吉」字の下に「也」字有り。

＊抱朴子登渉篇に「山中大樹能語者、非樹語也。其精名曰雲陽。以其名呼之則吉」と言う。

13 狗上床、名曰天女。見之(1)、呼其名、大吉。

[訳]

犬が寝床に上ってくる(怪異は、その精魅は)、名を天女《てんにょ》と言う。これを目撃したときは、その名を呼べば、大吉である。

(1) 浙本「見之」の二字無し。

＊「狗上床」の怪異は開元占經119に「地鏡曰、犬入室中、淫連君亡之象」と言うに似る。

14 鶏夜鳴〔者〕(1)、名曰少婦。但(2)呼(3)其名、大吉。

[訳]

鶏が夜に鳴く怪異は、(その精魅の)名を少婦《しょうふ》と言う。ただその名を呼べば《叫べば》、大吉である。

(1) 浙本「者」字有り。これにより補う。

(2) 浙本「但」字無し。

(3) 浙本「呼」を「喚」に作る。

＊「鶏夜鳴」の怪異は開元占經115に「地鏡曰、雞夜鳴、天子適有急令戎馬興。」等と言うに似る。

15 錢精、狀如猪(1)、名曰若加(2)。如此出見、有錢。

(1) 浙本「如猪」を「若狗」に作る。

(2) 浙本「加」を「家」に作る。

[訳]
銭の精は、その姿は猪《ぶた》《犬》のようである。名を若加《じゃくか》《若家》と言う。もしこれが現れれば、（そこに）銭がある。

16 歳陽精、〔卽〕太陽〔精〕。卽(1)見火似(2)灶中火焔、見之、大吉。

[訳]
歳陽（不詳。歳の十干もしくは十月の意味か）の精は、太陽（の精）である。火を見たとき、竈の中の火炎のようであれば（この精魅だから）、これを目撃したときは、大吉である。

(1) 浙本「太陽。卽」を「卽太陽精」に作る。これにより改める。
(2) 浙本「見火似」を「見之若」に作る。

17 六畜、或〔忽〕(1)作人言(2)、〔可〕(3)養之。大吉(4)。

[訳]
六畜（馬・牛・羊・犬・ブタ・鶏）が、忽然と人の言葉を話したときは、これを養うべきである。（そうすれば）大吉である《名を呼べば、怪異は止む》。

(1) 浙本「或」を「忽」に作る。これにより改める。
(2) 浙本「言」を「語」に作る。
(3) 浙本「可」字有り。これにより補う。
(4) 浙本「大吉」を「呼名卽止」に作る。
* 「六畜、忽作人言」の怪異は開元占經117に「呂氏春秋曰、亂國之妖、牛能人言。」、また119に「京氏曰、豚能言、吉凶如其言。」と言う。また白澤精怪圖にも類例として「六畜能言」の怪異有り。

18 古木精、似兔、名桃屋。見之、呼名、止(1)。

[訳]

古木の精は、ウサギに似ていて、名を桃屋《とうおく》と言う。これを見たときは、名前を呼べば、止む《これが現れたら、大吉。捕まえて食べれば、寿命は百歳になる》。

(1) 浙本「見之、呼名、止」を「見、大吉。得而食之、可壽百歳。」に作る。

19 材(1)精、名曰弱腰。呼名、自消。

[訳]

材木《ざいもく》《やまいぬ》の精は、名を弱腰《じゃくよう》と言う。その名前を呼べば、自ら消える。

(1) 浙本は「材」を「豺」に作る。

20 古井精、名曰意。狀如(1)猪。呼名、吉(2)。

[訳]

古井戸の精は、名を意《い》と言う。姿は猪《ぶた》のようである。その名前を呼べば、吉である《すがたは犬のようで、食べることができ、顔色をよくさせる。食べると牛肉の味がする》。

(1) 浙本「如」を「若」に作る。

(2) 浙本「如猪。呼名、吉」の五字を「若狗可食之。令人着顔色、食、自牛肉味。」に作る。「着顔色」は不詳。あるいは「令人駐顔色(容貌を衰えさせない)」の意か。(精魅篇第29條参照)

21 太陽精、三人頭一龍身、得而食之、可壽百歳[1]、日行千里[2]。

[訳]

太陽の精は、三つの人の頭に一つの龍の身体を持つ。この精魅を得て食べれば、寿命は百歳となり、一日に千里を行くことができる。

(1) 浙本「得而食之、可壽百歳」の八字無し。
(2) 浙本「里」字の下に「也」字有り。

22 鱉[1]陸地、見之、名曰必方。重五觔[2]。可食之、大吉。

[訳]

大亀が陸地にいるのを見ることがある。（この精魅の）名を必方《ひっぽう》と言う。重さは五斤である。食べることができ、大吉である。

(1) 浙本「鱉」を「鼈」に作る。
(2) 浙本「重五觔」の三字無し。

23 水中刀劍自見者、是古[1]棺精。見之、令人死。

[訳]

水中に刀剣が自ら現れるのは、古い棺桶の精である。これを見れば、人を死に至らせしめる。

(1) 浙本「古」字無し。

24 兩頭蛇、人(1)見之者(2)、是謂(3)地毒。名曰弓根。見、勿殺之、主(4)吉。

[訳]
双頭の蛇を人が目撃することを地毒《ちどく》と言う。(この精魅の)名を弓《きゅう》根《こん》と言う。これを見たら、殺すなかれ。(この精魅は)吉をつかさどっている。

(1)浙本「人」字無し。
(2)浙本「者」字無し。
(3)浙本「謂」字無し。
(4)浙本「主」字無し。

25 犬(1)惡聲走自咬其尾、名曰鞞。名呼、卽止。

[訳]
犬が悪声をあげて走り、自分でその尾を咬むことは、(この精魅の)名を鞞《へい》と言う。その名を呼べば、即座に止む。

(1)浙本「犬」を「大」に作る。
＊「犬惡聲走自咬其尾」の怪異は開元占經119に「京房曰、…又曰家反自食其尾、家富、歲且凶。」等と言うに似る。

26 刀(1)劍自出鞘(2)將切肉、卽吉。須(3)急棄之。若留、主(4)大凶。

[訳]
刀剣が鞘から勝手に飛び出して肉を切ろうとする怪異は、吉である。急いでこれを捨てるべきである。もしこれを留めておけば、大凶をつかさどる。

(1)浙本「刀」字無し。
(2)浙本「鞘」字の下に「無」字有り。
(3)浙本「須」無し。
(4)浙本「主」を「之」に作る。
＊「刀劍自出鞘」の怪異は開元占經114に「京房曰、君刀劍無故自拔、與其室相去君且殺。」等と言う。また白澤精怪圖にも類例として「劍無故自拔」の怪異有り。

27 古鏡精、狀似蛇。見之、宜[1]修善、無令作惡。主[2]凶。

[訳]
古い鏡の精は、その姿は蛇に似ている。これを目撃したときは、修繕すべきである。(そうすれば)悪いことが起こらないで済む。(この精魅は)凶をつかさどる。

(1) 浙本「宜」字無し。
(2) 浙本「主」字の下に「大」字有り。

28 五方火精、宋無忌、兄弟三人。但呼名、即遠去千里。

[訳]
五方の火の精は、宋無忌《そうぶき》(と言い)、三人兄弟である。ただその名を呼べば、即座に千里の彼方に去ることとなる。

*浙本に本條無し。
(参) 輯校第4條。

29 灶[1]下忽有小兒、名曰蠅[2]。可食之、令人駐顏色。食似牛肉味[3]。

[訳]
竈の下に忽然と小さな子供が現れるのは、その名を蠅《よう》《縄《じょう》》と言う。これを食べることができ、容貌を老い衰えさせない。味は牛肉に似ている《その名を呼べば、吉》。

(1) 浙本「灶」を「竈」に作る。
(2) 浙本「名曰蠅」を「名縄」に作る。
(3) 浙本「可食～肉味」の十三字を「呼名、吉」に作る。

30 古船精、名曰勝斤。狀若龜鴨(1)鳥頭無尾、見之、呼名、吉。

[訳]

古船の精は、名を勝斤《しょうきん》と言う。姿は亀のようで頭は鴨《カラス》、尻尾は無い。これを目撃したときは、その名を呼べば、吉である。

(1) 浙本「鴨」を「鴉」に作る。

31 門若自開閉者、宜(1)毀之(2)、吉。

[訳]

門が自然に開閉するときは、これを壊すべきである《急いでこれを壊せ》。(そうすれば)吉である。

(1) 浙本「宜」を「急」に作る。
(2) 浙本「之」字の下に「卽」字有り。
＊「門若自開閉」の怪異は開元占經114に「天鏡曰、晝夜門自開閉、方有大兵、至大憂。」等と言う。

32 古熊精名曰猴(1)。見之、得獲福。

[訳]

古熊(老熊)の精は、名を猴《こう》《候》と言う。これを目撃したら、福を得られる。

(1) 浙本「猴」を「候」に作る。

33 魚身人頭、名曰河伯女。舡(1)行見之、(2)吉。

[訳]

(1) 浙本「舡」を「船」に作る。
(2) 浙本「之」字の下に「大」字有り。

魚の身体に人の頭を持つモノは、名を河伯女《かはくじょ》（河伯のむすめ）と言う。船に乗って川を行くときにこれを見れば、吉である。

34　釜鳴聲[1]者、名曰然光。可宜與之、卽免灾矣[2]。

［訳］
釜が《よい音で》鳴る怪異は、然光《ぜんこう》と言う。この釜を（誰かに）与えるべきである。（そうすれば）即座に禍を免れよう。

35　霹靂精、名曰遠震、龜身龍頭。見之、得壽千歲。

［訳］
霹靂《へきれき》（激しい雷鳴）の精は、名を遠震《えんしん》と言い、亀の身体に龍の頭を持つ。これを目撃すれば、千歳の寿命を得られる。

36　苕蒂精、名曰仙女。見之、呼名、不能爲害。

［訳］
苕蒂（くさぼうき）の精は、名を仙女《せんにょ》と言う。これを目撃したときは、その名を呼べば、人に危害を加えることはできない。

（1）浙本「聲」の下に「好」字有り。
（2）浙本「矣」字無し。
＊「釜鳴聲」の怪異は開元占經114に「地鏡曰、宮中竈及釜甑鳴響者、不出一年有大喪」等と言う。

37 馬精、名曰萬里、兩頭龍身。見之、大吉、宜軍行矣。

［訳］

馬の精は、名を万里《ばんり》と言い、双頭に龍の身体を持つ。これを目撃したら、大吉であり、行軍するのによい。

38 銅精、名曰爍、狀如人身牛頭。見之[1]、下有銅藏。

［訳］

銅の精は、名を爍《しゃく》と言い、姿は人の身体に牛の頭を持つ。これを目撃すれば、その下に銅が隠されている。

（1）浙本「之」を「則」に作る。

39 妖精[1]、如[2]狐、尾劍刺。名曰遠方。見之、呼名、不爲害[3]。

［訳］

妖の精《消妖の精》は、狐のような姿で、尾に剣（のような）棘がある。名を遠方《えんぽう》と言う。これを目撃したときは、その名を呼べば、危害を加えることはない。

（1）浙本「妖精」を「消妖精」に作る。
（2）浙本「如」字無し。
（3）浙本「害」字の下に「矣」字有り。

40 金精、名曰蒼(1)庚、狀如(2)赤猪。見之、下有金藏。

［訳］

金の精は、名を蒼庚《そうこう》《倉庚》と言い、その姿は赤い豚のようである。これを目撃すれば、その下に金が隠されている。

（1）浙本「蒼」を「倉」に作る。
（2）浙本「如」を「若」に作る。
（参）輯校第8條。

41 海中見馬有翅魚尾、名翥驥。見之、壽長。得之、至尊。

［訳］

海中で羽と魚尾を持つ馬を目撃することがある。その名を翥驥《しょき》と言う。これを目撃したら、長寿となる。これを獲得すれば、最も尊い身分となる。

＊浙本に本條無し。

42 瘧鬼、兄弟二人、竝名賁。但舌上書癸卯字、卽瘥也。

［訳］

瘧《おこり》（マラリアの一種）の鬼は、二人兄弟で、どちらも名は賁《ほん》である。ただ舌の上に癸卯《きぼう》の二字を書けば、即座に病が癒える。

43 古樹精、名曰天豖。壯(狀)[1]似[2]猪、有一角。見之、呼名[3]、止。

［訳］

古い樹木の精は、名を天豖《てんか》と言う。姿は猪《ぶた》に似て、一つの角を持つ。これを目撃したときは、その名を呼べば、止む。

(1) 浙本「壯」を「狀」に作る。これにより改める。

(2) 浙本「似」を「如」に作る。

(3) 浙本「名」字の下に「卽」字有り。

参考文献一覧

○図録・図版・影印本等（書名五十音順、図版引用文献のみ）

『沖縄文化の遺宝（写真）』鎌倉芳太郎、岩波書店、一九八二年
『歴代山海経文献資料集成 第四巻』『同 第五巻』西安地図出版社、二〇〇六年
『探幽縮図（上）（下）』京都国立博物館、一九八〇年・一九八一年
『中国科学技術典籍通彙 天文巻四』任継癒主編、河南教育出版社、一九九三年〜
『中国古代鎮墓神物』鄭州市文物考古研究所編、文物出版社、二〇〇四年
『中国古代版画叢刊二編 第六輯 程氏墨苑』上海古籍出版社、一九九四年
『中国日用類書集成3三台万用正宗（一）』酒井忠夫監修、坂出祥伸・小川陽一編、汲古書院、二〇〇〇年
『CHINA crossroards of culture 中国美の十字路展』大広、二〇〇五年
『琉球絵画展―琉球王朝から近代までの絵画―』沖縄文化の杜、二〇〇九年
『한국의 미 : 선, 색, 형』최성자지음, 지식산업사、一九九三年（Korean beauty: Lines, colors and shapes, Seong-Ja Choe, 知識産業社）
朱江「江蘇高郵邵家溝漢代遺址的清理」『文物』一九六〇年第十期

○データベース

International Dunhuang Project（国際敦煌項目）http://idp.bl.uk/
GALLICA（フランス国家図書館） http://gallica.bnf.fr/

○和文単行本（著者五十音順、漢字は新字体に統一）

石田尚豊ほか監修『日本美術史事典』平凡社、一九八七年
大形徹・坂出祥伸・頼富本宏編『道教的密教的辟邪呪物の調査研究』ビイング・ネット・プレス、二〇〇五年
大形　徹『魂のありか』角川書店、二〇〇〇年
金谷　治『易の話』講談社、二〇〇三年
神田信夫・山根幸夫編『中国史籍解題辞典』燎原書店、一九八九年
小林太市郎『漢唐古俗と明器土偶』一条書房、一九四七年
窪　徳忠『道教史』山川出版社、一九七七年
菊地章太『神呪経研究』研文出版、二〇〇九年
小南一郎『古代中国　天命と青銅器』京都大学学術出版会、二〇〇六年
佐々木聡『『開元占経』閣本の資料と解説』東北大学東北アジア研究センター、二〇一三年
佐藤文彦『遥かなる御後絵——甦る琉球絵画』作品社、二〇〇三年
辻惟雄監修『日本美術史年表』美術出版社、二〇〇二年
新見寛編・鈴木隆一補『本邦残存典籍による輯佚資料集成』京都大学人文科学研究所、一九六八年
フレイザー（永橋卓介訳）『金枝篇』岩波書店、一九五一年

水口幹記『日本古代漢籍受容の史的研究』汲古書院、二〇〇五年

○中文単行本（著者ピンイン・アルファベット順、漢字は日本の新字体で表記）

陳　槃『古讖緯研討及其書録解題』（陳槃著作集）上海古籍出版社、二〇一〇年
黄　正建『敦煌占卜文書与唐五代占卜研究』学苑出版社、二〇〇一年
李　剣国『唐前志怪小説輯釈』上海古籍出版社、一九八六年
王　重民『敦煌古籍叙録』商務印書館、一九五八年
季羨林主編『敦煌学大辞典』上海辞書出版社、一九九八年

○和文論文（著者五十音順、漢字は新字体に統一）

会谷佳光「『崇文総目』―その編纂から朱彝尊旧蔵抄本に至るまで―」『二松学舎大学人文論叢』第六八号、二〇〇二年
岩本篤志「敦煌占怪書「百怪図」考」『敦煌写本研究年報』第五号、二〇一一年
牛山佳幸「戸隠二題―「女人禁制」と白沢信仰と」『第三十五回特別展「信州の山岳信仰」』長野市立博物館、一九九四年
大形　徹「疫鬼について―顓頊氏の三子を中心にして」『人文学論集』第一六号、一九九八年
岡部美沙子「白沢研究の現状と課題」『史泉』第一一五号、二〇一二年
（口頭発表）岡部美沙子「陝西省西安戸県の白沢像について」東アジア恠異学会第一〇〇回記念研究会、二〇一五年

金　文京「『事林広記』の編者、陳元靚について」『汲古』第四七号、二〇〇五年
熊沢美弓「『渉世録』について―「白沢避怪図」にみえる妖怪資料―」『愛知県立大学大学院国際文化研究科論集』第八号、二〇〇七年
熊沢美弓「神獣「白沢」と文化の伝播」『愛知県立大学文化財研究所年報』第三号、二〇一〇年
熊沢美弓「信州戸隠宮本旅館蔵白沢避怪図の図像的検討」『信濃』第六三巻七号、二〇一一年
熊沢美弓・加藤弓枝「備後護国神社所蔵白沢図添付文書について」『豊田工業高等専門学校研究紀要』第四六号、二〇一三年
熊沢美弓「戸隠御師と白沢」東アジア恠異学会編『怪異を媒介するもの』勉誠出版、二〇一五年
熊沢美弓「近世武家における神獣白沢の受容」『愛知県立大学文字文化財研究所紀要』第二号、二〇一六年
坂出祥伸「冥界の道教的神格―「急急如律令」をめぐって―」『東洋史研究』第六二巻・第一号、二〇〇三年
坂出祥伸「疫病除け霊符「白沢」と妖怪百科としての「白沢図」」『日本と道教文化』（第十一章）、角川学芸出版（角川選書466）、二〇一〇年
佐々木聡「『女青鬼律』に見える鬼神観及びその受容と展開」『東方宗教』第一一三号、二〇〇九年
佐々木聡「『白沢図』輯校――附解題」『東北大学中国語学文学論集』第十四集、二〇〇九年
佐々木聡「『白沢図』をめぐる辟邪文化の変遷と受容」『日本中国学会第一回若手シンポジウム論文集―中国学の新局面―』二〇一二年
佐々木聡「『天元玉暦祥異賦』の成立過程とその意義について」『東方宗教』第一二二号、二〇一三年
佐野誠子・佐々木聡「京都大学人文科学研究所所蔵『天地瑞祥志』第十四翻刻・校注」『名古屋大学中国語学文学論集』第二九号、二〇一五年

竹内康浩「後漢時代に於ける『山海経』―現行本の成立の問題について―」秋月観暎編『道教と宗教文化』平河出版社、一九八七年
立石尚之「白沢のすがた」大島建彦編『民俗のかたちとこころ』岩田書院、二〇〇二年
中村璋八「国立（台湾）中央図書館蔵『礼緯含文嘉』について」『駒沢大学外国語部研究紀要』第二五号、一九九六年
西岡　弘「神獣白沢考」『国学院短期大学紀要』一六号、一九九八年
原田淑人「瑞獣白沢及び角端に就いて」『東亜古文化研究』座右宝刊行会、一九四〇年
ピーター・ニッカーソン（沢章敏訳）「中国中世初期における鬼神観と官僚制」山田利明・田口文雄編『道教の歴史と文化』雄山閣出版、一九九八年
松本栄一「燉煌本白沢精恠図巻」『国華』七七〇号、一九五六年
森田憲司「王朝交代と出版――和刻本事林広記から見たモンゴル支配下中国の出版」『奈良史学』第二〇号、二〇〇二年
山田勝美「螭魅罔両考」『日本中国学会報』第三輯、一九五一年

○中文論文（ピンイン・アルファベット順、漢字は日本の新字体で表記）

白　化文「白沢精怪図」季羡林主編『敦煌学大辞典』上海辞書出版社、一九九八年
陳　槃「古讖緯書録解題二」附記「白沢図」『中央研究院歴史語言研究所集刊』一二本、一九四七年（一九八七年増訂）
高　国藩「敦煌民間信仰的『白沢精怪図』」『敦煌民俗学』上海文芸出版社、一九八九年

林　聡明「巴黎蔵敦煌本「白沢精怪図」及「敦煌二十詠」考述」『東呉文史学報』一九七七年・第二期
黎　志添「『女青鬼律』与早期天師道地下世界的官僚化問題」同主編『道教研究与中国宗教文化』中華書局、二〇〇三年
饒　宗頤「跋敦煌本白沢精怪図両残巻（P.2682,S.6261）」『中央研究院歴史語言研究所集刊』四一本四分、一九六九年
孫　文起「『白沢図』与古小説志怪淵源」『哈尓浜学院学報』二〇〇七年・第一〇期（第二八巻）
王　愛和「敦煌占卜文書研究」（未刊行、CNKI未登録、蘭州大学二〇〇三年博士論文）
王　重民「白沢精話図―伯二六八二―」『敦煌古籍叙録』中華書局、一九七九年（一九三五年初稿）
游　自勇「敦煌本『白沢精怪図』校録」『百年敦煌文献整理研究国際学術討論会論文集』（学会論集）、二〇一〇年
游　自勇「敦煌本『白沢精恠図』校録―『白沢精怪図』研究之一―」『敦煌吐魯番研究』第十二号、二〇一一年、上海古籍出版社
游　自勇「『白沢図』与『白沢精怪図』関係析論―『白沢精怪図』研究之二―」中国文化遺産研究院編『出土文献研究』第十輯、中華書局、二〇一一年
游　自勇「『白沢図』所見的物怪―『白沢精怪図』研究之三―」黄正建主編『中国社会科学院敦煌学回顧与前瞻（学術研討会論文集）』上海古籍出版社、二〇一二年
周　西波「『白沢図』研究」『中国俗文化研究1』巴蜀書社、二〇〇三年
佐佐木聡「法蔵『白沢精恠図』（P.2682）考」『敦煌研究』二〇一二年・第三期
佐佐木聡「『礼緯含文嘉』精魅篇的辟邪思想与鬼神観」『復旦学報（社会科学版）』二〇一四年・第五期

○欧文論文（著者アルファベット順）

Catherine Despeux, Auguromancie, Marc Kalinowski (ed), *Divination et société dans la Chine médiévale*, Bibliothèque Nationale de France, 2003

Donald Harper, 'A Chinese Demonography of the Third B.C.', *A HarVard Journal Asiatic Studies*, Vol.45 No.2, 1985

Donald Harper, 'A Note on Nightmare Magic in Ancient and Medieval China' *T'angStudy* 6 (1988)

Donald Harper, 'Hakutaku hi kai zu' *Asian Medicine* 3, 2007:pp.214-216

Donald Harper, 'The Other Baize tu from Dunhuang and Tang Popular Culture.'. International Conference (Theme: Prospects for the Study of Dunhuang Manuscripts: The Next 20 Years). Princeton University. September 6-8, 2014.

＊Donald2014は国際会議予稿集論文。著者本人より提供いただき、また本書での紹介の許諾を得た。ここに心より感謝申し上げたい。

Roderick Whitfield, 'Yu receiving the writings of the Luo River', Roderick Whitfield (ed.) *The art of Central Asia: the Stein collection in the British Museum (Volume 2)*. Tokyo: Kodansha International, 1985. ＊IDP（国際敦煌項目）にて閲覧

〔付記〕本書本文中では、読みやすさを考慮し、先行研究等の注記については個別の見解や指摘を取り上げた場合にのみとどめたが、そのほかにも右に挙げた多くの研究を参照させていただいた。先学の

学恩に心より感謝申し上げたい。

〔後続の関連文献について〕

◎本書初版刊行後にも『白沢図』や神獣白沢に関する研究が陸続と発表されている。主なものとしては、岡部美沙子「東アジア地域における龍身白沢図像の伝播と受容——西安戸県の白沢像を中心に」（『東アジア文化交渉研究』第一〇号、二〇一七年）、熊沢美弓「白沢避怪図を広める人々——山岳信仰と白沢避怪図」（『愛知県立大学文字文化財研究所紀要』第三号、二〇一七年）、佐々木聡「『白沢精怪図』再考——S.6261を中心として」（『敦煌写本研究年報』第一一号、二〇一七年）、大野圭介「『山海経』から『白沢図』へ」（『富山大学人文学部紀要』第六八号、二〇一八年）、岡部美沙子「一七世紀狩野派の白沢図像」（『史泉』第一三二号、二〇二〇年）、Donald Harper, "Pictures of Baize/Hakutaku 白沢 (White Marsh):Ephemera and popular culture in Tang China and Edo Japan", Marianne Bujard, Donald Harper & Li Guoqiang (eds), *Temps, espace et destin : Mélanges offerts à Marc Kalinowski*, Paris, Collège de France, 2023などが挙げられる。特にドナルド・ハーパー氏の最新論文は、前頁所載の二〇一四年の国際学会論文を加筆修正し、本書でも触れた図3-17が神獣白沢の絵画であることを丁寧に論証しており、必読である。また周西波「白沢信仰及其形像転変之考察」（『敦煌学』第三二輯、二〇一六年）は、本書初版刊行の少し前に台湾で発表されたため、執筆時に参照できなかった論文だが、この中でも白沢避怪図の賛文の出典を指摘したほか、多くの資料を渉猟しており、参考とすべき点は多い。

このほか、筆者の関連研究や白沢文物に関するコラムなどは全て挙げきることは難しいため、詳しくは筆者のResearchmapサイト（https://researchmap.jp/sasaki_satoshi）を御覧頂きたい。

あとがき

『白沢図』や白沢の研究をしています、と言うと、妖怪・おばけ好きの間では、案外、好意的に受け取ってもらえることが多い。やはり妖怪やもののけに詳しい神獣ということで、ある種の親近感や憧憬が白沢にはあるのだろう。しかし、一般的にはと言うと、同じ神獣でも麒麟とか龍ほどには浸透していない。やはり、白沢は知る人ぞ知る存在なのだった。

それが近年、かなり広く知られるようになってきた。筆者が大学で担当している講義でも白沢の話をすると受けが良く、熱心な感想を書いてくれる受講生もいる。どうやら、最近では、江口夏実さんの漫画『鬼灯の冷徹』(講談社)に登場する白沢が人気のようである。従来、日本で白沢といえば、人面牛身の異形の姿で描かれる場合が多かったが、『鬼灯の冷徹』の白沢は、美形で酒と女性にだらしない、という、これまでの白沢にはなかったキャラクターで描かれているのも人気の要因だろう。実は、筆者も江口氏の漫画は連載初期のころから読んでいた。「『鬼灯の冷徹』の人気が出たときに、白沢の本が出せたら良いよね」とよく笑いながら言っていたが、本書でようやく実現することができた。

筆者自身の研究について少し述べさせていただくと、筆者はこれまで宗教文化史の観点から前近代中国の鬼神観について研究を進めてきた。白沢研究はその一環として始めたものである。『白沢図』は、古代中国の辟邪文化を継承して、中世の最初期に成立した、代表的な鬼神図録である。したがって、研究の一環として同書を扱うことは、自然な成り行きであった。

もっとも、筆者もはじめから『白沢図』に着目していたわけでない。そのきっかけは、二〇〇八年七月に東アジア恠異学会第五十六回定例研究会で、『女青鬼律』の鬼神観について報告したことによる。『女青鬼律』は、初期道教や通俗信仰の鬼神観を考える上で最も基礎となる資料のひとつであった。このとき同書とも多くの類似点があるということで、日本の白沢避怪図についてご教示くださったのが、会員の京極夏彦先生や化野燐先生だった。たしか、中国学の立場から白沢避怪図を考察してみては、といった提案だったかと思う。後日あらためて調べてみると、たしかに白沢避怪図の背景には、『女青鬼律』とも通底する辟邪思想があるように思われた。ただ、筆者の専門は中国古代・中世の宗教文化史であったので、まずはそのルーツである『白沢図』の研究から始めることにした。

しかし、すでに散佚してしまったこの書物の実体をつかむことは容易ではなく、佚文をはじめ、多くの断片的な資料と格闘しなければならなかった。さらに白沢文物の調査のため、日本国内はもとより、中国・台湾・韓国・フランス・イギリスなど、多くの国や地域を訪れることとなった。やがて、膨大な資料の先にはっきりとした『白沢図』の姿が見えたとき、そこから生まれた多くの白沢文物と多様な辟邪文化のあり方も浮かび上がってきた。そして図らずも新資料の発見に助けられながら、

『白沢図』から白沢避怪図へと至る辟邪文化の系譜を提示するができた。投げかけられた問いに自分なりの答えを見出すことは、研究者として一番の喜びである。本書は、こうした研究成果を骨子として、さらにさまざまな角度から解説を加えながら、一冊の白沢研究の概説として書き下ろしたものである。

このような本を世に出すことができたのは、ひとえに白澤社さんのおかげである。筆者が白澤社さんの名前を知ったのは、いつごろだったか、あまりよく覚えていないが、おそらく子安宣邦先生の『鬼神論』が復刻されたのを見つけたときだったかと思う。社名が筆者のよく知っている白沢から来ていることは、ブログのデザインに獅子型の神獣を用いることからわかった。いつか一緒に仕事させてもらう機会もあるかと（勝手に）思っていたので、編集の坂本信弘さんからご連絡をいただいたときは、とうとう来たか、というのが正直な気持ちであった。それも『白沢図』の概説書を書いてほしいという、たいへんありがたいお申し出であった。

坂本さんからご連絡をいただく少し前、上海の国際会議でドナルド・ハーパー先生にお会いしていた。白沢研究の大先達である氏とは、このテーマに着手してから、何度もメールのやり取りをしたが、直接お目にかかるのは初めてだった。いささか緊張して挨拶させていただいたが、メールの文面からも感じたように非常に気さくな方だった。奇しくもこのとき二人とも同じテーマでの報告だったので、お話しする機会も多かった。そこで、長年の疑問をぶつけてみた。「大英博物館のＳＰ一五七（一二九頁図３‐17）は白沢ですか？」、すると「絶対白沢です。間違いない」という答えが返ってきた。そして、帰国後すぐに氏の論文が送られてきたのであった。会議には、游自勇氏も参加されていて、久しぶりの再会に近況を伝えあった。筆者が中国で発表した『礼緯含文嘉』精魅篇の論文にもコメントをいただき、相変わらず、白沢文物に対して高い関心を持たれていることがわかった。

二人の研究は、海外で発表されていることもあり、その重要度に反して日本ではその成果が十分に活用されていない。以前から白沢文物についての国内外の研究史をきちんとまとめなおし、紹介しなければと思っていたが、この機会によりその考えをさらに強くしていた。白澤社さんのご厚意で、こうした内容も本書に収録させてもらうことができた。

なお本書「白沢研究の軌跡」ではお名前を挙げられなかったが、東アジア恠異学会で、白沢避怪図を紹介してくださった化野燐先生も、作家業のかたわら、白沢研究を行なってきた一人である（現在は妖怪・怪異の分類研究を中心に精力的に活動されている）。後に知り合った熊沢美弓氏も交え、よく三人で白沢文物について意見交換を行なったのが、筆者の白沢研究の後押しにもなった。

『白沢図』は、中国古代の辟邪文化から生まれた。辟邪とは、禍を避け福を招く、という人類共通の願いである。辟邪文化の諸要素は、社会通念化された鬼神観を背景として、社会生活のいたるところに浸透している。白沢文物も熱心な信仰というより、むしろ気軽な縁起物や嗜好品として受け入れられていった。注意して社会生活を見てみれば、そうした文化現象は今日でも少なくない。将来、あらためて辟邪文化の意味を問い直す日も来るかもしれない。本書がその道しるべとなれば幸いである。

今日まで白沢研究を進めてくる中で多くの方々のお世話になった。とりわけ博士課程・専門研究員時代の指導教員である東北大学・磯部彰先生、現在の受入教員である大阪府立大学・大形徹先生、さらに留学中の恩師である復旦大学の陳正宏先生・呉格先生・余欣先生には、白沢文物の調査から論文にまとめるまで多方面にわたるご指導を賜った。

二〇〇五年から参加している東アジア恠異学会では、白沢研究のほかにも、鬼神・占術・辟邪など、さまざまなテーマで報告させていただき、その都度、参加者の皆さまから貴重なご意見を賜った。同時に、専門外の日本史・日本文学・民俗学などについて本格的に学ぶ機会を得られたことは本当に有意義であった。

また、この数年、京都大学・武田時昌先生の術数研究会や藤女子大学・水口幹記先生の天地瑞祥志研究会をはじめ、いくつもの研究会・共同研究に参加させていただいた。とくに術数学、道教思想、陰陽道、敦煌学、伝統医学の専門家の先生方から、親切なご指導を賜り、新たな視野を広げることができた。さらに、二〇一五年からは、国立民族学博物館の山中由里子先生の共同研究「驚異と怪異——想像界の比較研究」にも加えていただき、西アジアやヨーロッパとの比較史的視座から、あらためて鬼神・怪異を捉えなおす貴重な機会となっている。

白沢文物の調査のため訪れた宮内庁書陵部・国立公文書館・大英図書館・仏国家図書館・台湾国家図書館・復旦大学図書館・浙江図書館では、閲覧等に対しての便宜に加え、職員の皆さまより資料についても多くのご指導を賜った。また、戸隠の白沢避怪図の版木を所蔵する宮本旅館の方々にも、図版の利用にあたりたいへんお世話になった。一人ひとりお名前を挙げられず、ほんとうに申し訳ないが、これまで賜ったたくさんの学恩に、心より感謝申し上げたい。

最後に、本書の草稿に目を通しアドバイスを下さった北京科技大学の大野裕司先生、仏語論文を翻訳してくれたフランス国立東洋言語文化大学のエリザベト・リシャールさん、そして出版に向けて原稿全体に手を入れて下さった白澤社の吉田朋子さんと坂本信弘さんに、厚く御礼申し上げたい。

本書は、JSPS科研費15J02879（特別研究員奨励費）および16H03466（基盤研究B）の助成を受けた成果の一部である。

佐々木聡

二〇一六年十二月

《著者略歴》

佐々木聡（ささき　さとし）

1982年秋田県生まれ。

金沢大学文学部卒、東北大学博士課程後期修了。博士（文学）。2022年4月より、金沢学院大学准教授。主な著作に、東アジア恠異学会編『怪異学入門』（共著、岩田書院）、「『白沢図』をめぐる辟邪文化の受容と展開」（『日本中国学会第一回若手シンポジウム論集』）、「『開元占経』の諸抄本と近世以降の伝来について」（『日本中国学会報』六四輯）など。

復元《ふくげん》 白沢図《はくたくず》——古代中国《こだいちゅうごく》の妖怪《ようかい》と辟邪文化《へきじゃぶんか》

2017年1月20日　第一版第一刷発行
2024年7月20日　第一版第三刷発行

著　者　佐々木聡
発　行　有限会社 白澤社《はくたくしゃ》
〒112-0014　東京都文京区関口1-29-6　松崎ビル2F
電話　03-5155-2615／FAX　03-5155-2616／E-mail : hakutaku@nifty.com
発　売　株式会社 現代書館
〒102-0072　東京都千代田区飯田橋3-2-5
電話　03-3221-1321㈹／FAX　03-3262-5906
装　幀　装丁屋KICHIBE
印刷・製本　モリモト印刷株式会社
用　紙　株式会社市瀬

白澤社《はくたくしゃ》　刊行図書のご案内

発行・白澤社　発売・現代書館

白澤社

白澤社の本は、全国の主要書店・オンライン書店でお求めになれます。店頭に在庫がない場合でも書店にお申し込みいただければ取り寄せることができます。

〈新版〉鬼神論

——神と祭祀のディスクール

子安宣邦 著

定価2,000円＋税
四六判上製、224頁

伊藤仁斎、山崎闇斎、荻生徂徠、新井白石、平田篤胤ら近世日本の知識人が展開した「鬼神論」の世界。人が「鬼神」を語るとはどういうことか。独自の方法で日本思想史の流れを一変させ、子安思想史の出発点となった名著の新版。「鬼神論」を読み解く意義を平易に説いた新稿「新版序　鬼神はどこに住むのか」を巻頭に付した。

安政コロリ流行記

——幕末江戸の感染症と流言

仮名垣魯文 原著
篠原 進 巻頭言／門脇大 翻刻・訳／今井秀和・佐々木聡 解説 ほか

定価1,800円＋税
四六判並製、176頁

幕末に未知の感染症に襲われ多くの死者を出した大都市江戸の混乱と不安を虚実とりまぜて活写した仮名垣魯文の『安政箇労痢流行記』。本書はその原文と現代語訳を収めるとともに、当時、江戸市中で語られた感染症にまつわる流言や怪事件の記録から江戸後期の疫病観を分析した解説を併載。疫病禍の江戸の人々の姿から現代の課題が浮かび上がる。

天狗説話考

久留島 元 著

定価2,600円+税
四六判並製、256頁

天狗は妖怪か。現代に伝わる天狗のイメージはどのように形成されたのか。天狗について語られたさまざまな説話の分析から日本における天狗像の原型を探り出し、古代の「空を飛ぶ悪霊」から、中世の仏教的な魔物としての理解を経て修験と結びつき、さらに江戸時代において娯楽的キャラクターとしても定着していく天狗像の変遷をたどり直す。